U0141491

都是為你好？

察覺自己與孩子的深層情緒指南：
自我覺察、情緒共感、守護成長

文心／著

笛藤出版

「本書旨在為家長提供一套應對青少年憂鬱的家庭解決方案。作者首先幫助家長建立對青少年憂鬱的科學認知：雖然憂鬱情緒在青少年中普遍存在，但它並不可怕。在正視憂鬱的前提下，作者從做好應對準備、家長自我提升、說明孩子調整狀態以及防止復發等關鍵環節，提供了一套系統可行的青少年憂鬱應對方案，運用一系列實操工具，並結合實際案例，幫助家長處理好孩子的憂鬱問題。

謹以本書獻給

媽媽李淑愛女士和女兒丁丁，

永遠愛你們！

推薦序

　　三年以來，新冠疫情對世界各國人民的身心健康和生命安全都構成了巨大的威脅和挑戰，特別是全球精神衛生狀況越來越嚴峻。2022 年 6 月世界衛生組織發佈的《世界精神衛生報告》顯示 2021 年全球憂鬱症、焦慮症患病率增加了 25%，精神障礙患者增加了 10 億人。由於疫情管理，青少年的正常學習、生活節奏受到影響，不得不轉入居家線上學習，這對青少年的心理健康也構成了嚴重挑戰，很多精神衛生中心的青少年門診量增加了 30% 以上。

　　我們知道，青少年階段的心理發展就像破繭蛻變，是向成年人過渡的關鍵期。青少年需要經歷一個巨變的過程，從身體發育到心理發展，從自我意識到人際關係，都面臨巨大挑戰。再加上學業繁重、周圍人的期待和網路帶來的生活方式的改變，讓孩子們倍感壓力。所有的這些挑戰和壓力都會讓青少年的心理健康面臨巨大風險，加上疫情帶來的學習、生活方式的巨大變化，導致憂鬱情緒和憂鬱症成為困擾青少年的突出問題。

　　在我當精神科醫生的時候，很少見到青少年憂鬱症患者。我在門診最早診斷兒童憂鬱症的案例是 2001 年，而現在，越來越多的青少年憂鬱症患者開始尋求心理治療，目前我做的

治療案例幾乎都是青少年憂鬱症案例。在很長一段時間裡，精神衛生專家認為憂鬱症主要是成年人才會得的一種精神障礙。心理學家和精神病學家曾經認為，青少年可能會因為打擊和挫折而感到難過和失望，但是，他們的情緒情感水準還沒有成熟到會患上憂鬱症的程度。但是，20 世紀 90 年代的一些研究推翻了這種觀點。不少研究發現，70％的成年人憂鬱症患者在青少年階段就有憂鬱症病史。青少年的憂鬱症必須給予高度重視，及時進行治療。

在幫助孩子擺脫憂鬱的過程中，父母和家庭發揮著至關重要的作用。因為孩子的憂鬱大多與不良生活事件有關，特別是不良家庭氛圍、早年喪親、家庭暴力、性創傷等，都是引發孩子憂鬱情緒及憂鬱症的高危險因素。即便是因為校園霸凌、教師語言暴力、考試受挫、被忽視、被排斥等導致的憂鬱情緒，也需要父母給予溫和而堅定的愛。現在越來越多的父母意識到孩子出現憂鬱諮商師問題需要及時就醫，也會先在家庭成員和朋友的幫助下，幫助孩子解決問題。父母們一定都希望有一本可以借鑒和參考的「操作手冊」，尤其是在迷茫、不安、矛盾、焦慮又無助的時候。

雖然目前已有不少與青少年憂鬱相關的書籍，但其中少有像本書一樣清晰和易懂的。更難能可貴的是，這本書語言通俗易懂，內容簡單實用。作者沒有長篇大論地講解理論知識，而是將提煉出的重要主題融入家庭生活的互動中。可以說，這是一本專門為父母而寫的「操作手冊」。

多年前我受邀參加過一檔討論憂鬱的知名節目，當時文心也在這個平臺講授憂鬱課程。多年來，她在青少年憂鬱的

領域不斷精進，不斷學習提升專業能力，也一直堅持在第一線做青少年的心理諮詢，並接受著督導。非常高興看到文心這本書即將出版，也很欣慰地看到文心把經過多年實踐檢驗的接納承諾療法、家庭治療、認知行為療法、遊戲治療等心理諮詢方法、技術融入書中。最近十年來，我一直在宣導和推廣接納承諾療法。它是認知行為療法的最新發展，非常強調接觸當下、接納情緒、解離認知、自我覺察、澄清價值和承諾行動。這些概念聽起來簡單，做起來卻不容易，需要一些正確的方法指導。文心在本書中，除了幫助父母瞭解一些青少年憂鬱的基本認知和概念，更多的篇幅是給予父母具體的操作方法，而且書中還有十五項簡易有效的互動練習，引導父母在面對孩子憂鬱時，從情緒、認知、行為等方面理解孩子的憂鬱，接住孩子的情緒，擁抱憂鬱的孩子，最終幫助孩子走出憂鬱。

元旦剛過，新春將臨，人們嚮往著美好的未來，但是，青少年的心理健康問題任重道遠，衷心希望文心的這本書能夠幫助廣大家長朋友正確理解、對待孩子的憂鬱，採取有效方法提高認知模式，改善家庭氛圍，增進親子關係，引導孩子走出憂鬱陰影，走進五彩繽紛的春天。衷心祝願每個家庭都能溫暖如春，每個孩子都能幸福健康地成長！

祝卓宏

2023 年 1 月 3 日

於中關村人才苑

前言

給青少年父母的一封信

親愛的青少年父母：

你們好！我叫文心，是一名心理諮商師，準確說，是一名主要跟憂鬱、焦慮等情緒問題打交道的心理諮商師，十歲到二十幾歲的孩子是我的主要來訪對象，而這些孩子中很多人都面臨憂鬱和焦慮的困擾。

憂鬱是青少年最常見、最嚴重的心理問題之一。2021 年 10 月 10 日，中國科學院心理研究所發佈的《中國國民心理健康發展報告（2019-2020）》顯示：

2020 年青少年的憂鬱檢出率為 24.6%，其中，輕度憂鬱的檢出率為 17.2%，重度憂鬱為 7.4%。這意味著在青少年人群中，4 ～ 5 個孩子中就有 1 個孩子被憂鬱困擾，可能是輕度，也可能是重度。

看到這組資料，可能你們會很驚詫：孩子跟憂鬱的距離近得超乎想像，每個孩子都可能憂鬱。

然而，當憂鬱初現端倪，孩子表現出難過痛苦和一些反常

的行為時，卻常常得不到身邊人的理解，很容易被當成是「不值一提的小事」、「矯情」、「給自己找藉口」，得不到足夠的重視。

當孩子不但得不到幫助，反而被否定被批評後，他們就很容易把自己包裹起來，不再向父母和朋友求助。這種回避會讓憂鬱持續並惡化。

與此同時，父母也很焦慮很困惑，眼看著孩子狀態不好，卻不知道孩子怎麼了，為什麼會變成這個樣子，也不知道怎麼做才能有效地幫助孩子。

孩子很痛苦，父母也很痛苦。

然而憂鬱始終沒有得到有效解決，很多孩子還會越來越嚴重，學習停滯，生活紊亂，健康受損，一家人都生活在陰霾之中。

被憂鬱困擾時，每個孩子都想擺脫這種狀態，但他們畢竟是未成年人，沒有能力自己克服憂鬱，他們比任何時候都更需要父母的理解和支援。

父母都是很愛孩子的，可惜大多數父母，要麼對心理健康毫無概念，要麼只知皮毛。當孩子憂鬱時，既沒有理論上的指導，也沒有行之有效的方法和對策。

　　憂鬱就像一個泥潭，讓父母和孩子深陷其中。每個人都在努力掙扎，卻又無力擺脫，越陷越深。

　　危機是危險，更是機會。

　　憂鬱是一個足夠強大的陌生的挑戰，同時，它也是一個機會：一個讓孩子可以更瞭解自己，從而掌控情緒、應對挫敗、增長本領的機會；一個讓父母可以擴展認知、完善自我、改善關係、提升養育效能的機會；一個讓家庭可以變得更和諧、更親密、更有愛的機會。

　　真希望在孩子憂鬱時，父母有能力轉危為安，把危險變成機會。而想要達成這個目標，不僅要對憂鬱有一定的瞭解，還需要掌握一些心理學的理念和方法。父母太需要心理從業者的指導和幫助了。

　　作為一名心理諮商師，我感覺自己有能力而且也應該做點事。兩年前，帶著一份有點像使命感的期待，我開始寫這本書。

　　這本書是專門寫給青少年父母的，是一套幫助孩子克服憂鬱的行動方案，你可以把它看作專門應對青少年憂鬱的工具書。這本書非常注重實戰，詳細教父母如何調整狀態，做好準備，一步步帶領孩子走出憂鬱。

　　為了讓父母學得會、用得上，我把理論、方法和練習結合了起來。書中有大量的案例和練習，這些方法我在青少年

諮商中常常用到，希望對你們有幫助。

這本書共分成五個部分，層層堆疊，像蓋房子一樣，建議父母按順序閱讀。

第一章介紹了青少年憂鬱是怎麼回事。有了這些知識儲備，就不會走冤枉路。

第二章到第四章是幫助父母有目標的制訂應對孩子憂鬱的行動方案。

第五章到第九章幫助父母從情緒、想法、行為、關係四個層面進行自我提升，為幫助孩子擺脫憂鬱做好準備。

第十章到第十五章聚焦於如何幫助孩子，也是本書的重點部分，父母可以和孩子一起討論、練習。

第十六章介紹了如何預防復發，遠離憂鬱。

為了保護每一位來訪者，書中的所有案例都是編寫的。它們來自真實生活，但不是真實個案，請勿對號入座，也不要評價和揣測。

還有一個重要提醒：這本書不是要教父母做心理諮商師和醫生，而是在自己的位置上站好，父母的介入不能代替藥物和心理諮商。

如果孩子憂鬱嚴重，按時服藥和做心理諮商必不可少。「醫生＋心理諮商師＋父母」是幫助孩子的穩固鐵三角，共同發力，相互補充，才能幫助孩子更快地走出憂鬱。

「養育孩子的過程就像一面鏡子，我們從中看到最好的自己，也看到最壞的自己；我們體驗到生命最豐盛的時刻，也

經歷最恐怖的瞬間。」

　　我相信當你們和孩子一起在憂鬱的泥潭擺渡時，會不斷經歷困惑、焦慮和挫敗，有時候信心滿滿，有時候煩躁無力。

　　不管經歷多少風雨，陽光一定在前方。當父母越來越有力量，孩子的路就會越走越寬敞、明亮！希望你們懷著愛和希望，帶領孩子克服憂鬱，遠離憂鬱！

　　深深地祝福你們……

　　　　　　　　　　　　　　　　　　　　　　文　心

目　錄

第四部分
孩子的
狀態調整

任何道理都是有條件的

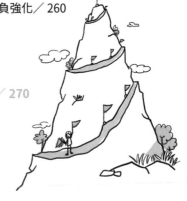

防止孩子
憂鬱復發

第一部分

瞭解青少年憂鬱

第 1 章

重新認識青少年憂鬱

當孩子有下面這些表現時，父母一般會怎麼想？

(1) 孩子不想學習，注意力不集中，拖拖拉拉，有時候請假不去上學，經常在房間裡玩手機，睡眠紊亂。

你的想法是什麼？

「孩子太懶，自我要求低，不知道學習多麼重要，就知道玩！」

「都是手機惹的禍！如果沒有手機，孩子肯定能愛上學習。」

「學生怎麼能不上學呢？怎麼能隨便請假呢？無法理解！」

(2) 孩子看上去很乖很懂事，但總悶悶不樂，對什麼都提不起興趣。內心敏感，不善表達，經常因為一點兒小事糾結。身體較弱，常常頭疼胃疼。

你的想法是什麼？

「孩子天生就這樣，性格內向。開不開心無所謂，誰也不會天天快樂。」

「只要把精力放在學習上就好了，其他的不是問題。」

「不理解孩子為什麼愛糾結，都是一些小事，完全沒有必要，

應該想開一點，不要活得那麼累。」

(3) 孩子經常在家裡發脾氣，大吵大鬧，和父母對著幹，有時候還摔摔打打。

你的想法是什麼？

「沒教養，不會尊重人！以前太溺愛孩子了，現在必須嚴加管教！」

「孩子天生脾氣不好，隨他爸爸，只是發發脾氣，不用管他。」

「孩子現在可能是青春期叛逆，過兩年懂事了就好了。」

每一種想法都合理，都有足夠的理由。可是你有沒有懷疑過，除了這些，還有沒有別的可能？

比如：

孩子是不是遇到了什麼困難？學習上是不是很有壓力？或者人際關係出了問題，孩子不知道如何應對，所以不去上學躲在家裡？

孩子總是悶悶不樂，敏感糾結，會不會有點心理問題？

孩子的狀態不太對，是不是有點憂鬱的傾向了？

當我和父母討論這些的時候，坐在對面的父母常常既震驚又茫然。他們壓根兒就沒有想到孩子心理上會出現問題。

憂鬱？很多父母完全沒有這個概念。

「一個小孩，怎麼可能憂鬱呢？」

「不可能！那不是得精神病了嗎？」

「孩子是有一些生活、學習上的問題，但我從來沒想過他會有心理問題，更沒想到是憂鬱！」

當然，判斷孩子是否憂鬱，除了觀察孩子的日常表現及情緒狀態，還要依據一些科學的方法。舉上面的例子，只是想說明，很多父母對憂鬱的認識不夠清晰、深刻，以致於在初期無法給孩子相應的支持和幫助，導致問題加重。

「心中的憂鬱就像隻黑狗，一有機會就咬住我不放。」英國首相邱吉爾曾如此形容憂鬱症。憂鬱的確像一隻黑狗，如影隨形，咬住人就不放。

當孩子被狗咬了，你會怎麼辦？

我相信所有父母都會本能地奮起打狗，保護孩子。然而這次，它不是一隻普通的狗，而是一隻看不見摸不著的「情緒黑狗」。

那麼，怎樣幫助孩子戰勝這隻黑狗呢？

讓我們先從認識它開始吧。

1 憂鬱是什麼

作為一名和憂鬱打交道的心理諮商師，日常被問及最多的一個問題就是「孩子是不是憂鬱？他真的是心理有病嗎？」

每當這時，父母都會用焦灼的眼神看著我，含含糊糊的問話掩飾著他們內心的驚恐。

而此刻，我最想知道的是：你是怎麼看待憂鬱的？在你的眼裡，憂鬱是什麼？

「憂鬱」這個詞來源於拉丁詞根，意思是「向下壓」，我們平時用來描述憂鬱感受的詞彙，或多或少都帶有「向下」的意味。人們會說「垂頭喪氣」、「意志消沉」、「情緒低落」、「萎靡不振」，或者「不高興」、「不滿」、「孤寂」，這些詞語非常形象地描述出了憂鬱的感受。

在諮詢中，我發現父母對憂鬱的認識有兩種觀點最普遍：一種觀點認為憂鬱是一種感受，一種情緒；另一種觀點則認為憂鬱是一種病，一種嚴重的精神疾病。

這兩種觀點，一種把憂鬱說得輕飄飄，「誰都有心情不好的時候，很快就會過去的」；另一種把憂鬱說得很嚴重，「孩子得病了，以後可怎麼辦啊！」

那麼，憂鬱到底是什麼？

我建議你把「憂鬱」看成一個形容詞，而不是名詞。憂鬱是什麼，要看它後面跟的名詞是什麼。通常，我們所指的「憂

鬱」有三種：憂鬱情緒、憂鬱狀態和憂鬱症。這三個詞都跟憂鬱相關，

它們有共性，又不同，一個是情緒，一個是狀態，還有一個是疾病。

憂鬱情緒　　　　憂鬱狀態　　　　憂鬱症

（1）憂鬱情緒

憂鬱情緒是一種情緒，是一種比較消沉、低落、委屈或混合了多種類似負面情緒的心理感受。

情緒就像天氣，而憂鬱情緒呢，就像陰沉的天氣，烏雲密佈，讓人壓抑想哭。

天氣每天每時都在變化，今天烏雲密佈，今天就很憂鬱。明天太陽出來了，烏雲散了，憂鬱情緒也就消散了。

所以，憂鬱情緒本身不是問題，它來得快去得也快，每個人都會有。

（2）憂鬱狀態

憂鬱狀態是一種生活狀態，涉及生活的方方面面。

出現憂鬱狀態，就不僅僅是情緒和感受的問題了，它已經影響到了正常生活。比如，每天都無精打采，對什麼都不感興趣，回避社交，失眠，注意力不集中，有很多負面想法，感覺活著很累，等等。

情緒是天氣，狀態是氣候。氣候跟天氣不一樣，它相對穩定，持續時間較長。

一個孩子偶爾感覺到烏雲壓頂、心情糟糕，這是憂鬱情緒。而如果他總是疲勞煩躁、提不起精神、心境低落，這就是憂鬱狀態了。

（3）憂鬱症

已經到了「症」的程度，毫無疑問，此時的憂鬱已經比較嚴重了。一旦憂鬱到了憂鬱症的程度，就不是心情好不好的問題了，而是一種心理疾患，需要專業介入。

此時，憂鬱已經嚴重影響到了孩子的健康。孩子可能會出現很多軀體反應，如頭疼、肚子疼、免疫能力低等，同時，孩子還會有很多憂鬱的認知和行為表現，比如迴避社交、大發脾氣、拒學、厭學等。

透過上面的描述，我們可以看出，憂鬱不是一個非黑即白的概念，它不像硬幣一樣，這一面是憂鬱，另一面不是憂鬱。它是一個連續譜，更像一段延綿不絕的長線，可以從 0 到 100，這中間有 100 個相連的數位，這些數位代表著不同的

憂鬱程度，可以是憂鬱情緒，也可以是憂鬱狀態，還可能是憂鬱症。

憂鬱這隻「黑狗」不是一成不變的，它一直在這條長線上游移，有時候偏左一點，有時候偏右一點。程度輕一點的時候，它是一隻惱人的小黑狗。憂鬱嚴重了，它就是一隻巨大的猛獸。

本書中提及的「憂鬱」就是這麼一個連續譜的概念，它是連續 的，變化的，既不是指憂鬱情緒，也不是指憂鬱症，而是一種有時候輕一點，有時候重一點的憂鬱狀態。

2 憂鬱不是什麼

憂鬱是個連續譜，這讓父母有點困惑：難過的時候是憂鬱嗎？孩子不喜歡學習，比較叛逆是憂鬱嗎？什麼情況是憂鬱，什麼情況又不是憂鬱呢？

接下來，我們來說說什麼不是憂鬱。

（1）憂鬱≠悲傷、難過

憂鬱是個大籮筐，各種負面情緒都可以往裡裝。

當孩子憂鬱時，除了難過，往往還會有其他情緒，如自責、焦慮、不安、挫敗、羞恥、憤怒、委屈等。憂鬱不是一種單一的情緒，它更像是一團亂七八糟的負面情緒糾纏在一起，理不出頭緒，說不清道不明。

和一般的悲傷、難過不同，憂鬱持續的時間往往很長，而且很難隨著時間慢慢淡去。有時候憂鬱可能會暫時有所好轉，但之後又會再度出現，甚至會越來越嚴重。

悲傷的人可以明確地指出導致悲傷的具體事件，而憂鬱很難確定具體原因。

有時候憂鬱是突然發生的，我們可能並不知道原因。即使可以確定一個引發憂鬱的事件，但憂鬱的感受和反應似乎與這個事件並不相符。還有時候，促發憂鬱的事件已經過去很久了，憂鬱的感受仍然存在。

(2) 憂鬱 ≠ 青春期叛逆

一個媽媽跟我訴苦：

「一年多以前，我家的孩子和隔壁孩子都很叛逆，脾氣都很大，聽不進去父母說話。隔壁是個女孩，比我兒子還厲害些呢。我們兩家都一樣，都不懂什麼是憂鬱，也沒有干預。現在那女孩挺好的，叛逆期過去了，我們家兒子卻越來越差，不想去上學了。」

青春期是憂鬱多發的一個時期，很多父母會錯把孩子的憂鬱當成正常的青春期叛逆。也許當初兩個孩子有一些相似的表現。但時間一長就看出來了，他倆情況不一樣。

青春期的孩子處於探索整合的狀態，加上大腦發育和體內激素水準變化，會比平時更敏感，容易被激怒，沒有耐心，常常有冒險失控的行為。兩個孩子脾氣都很大，這只是表相。憂鬱和青春期叛逆本質不同。青春期是人的一生中生命力最強、最張揚、最蓬勃向上的時期，和深陷憂鬱泥潭、情緒低落、興趣降低、疲勞乏力是兩回事。

(3) 憂鬱 ≠ 情緒感冒

一個媽媽輕鬆地告訴我：「憂鬱根本就沒關係，網上都說了，憂鬱就是情緒感冒，不用管它，沒什麼事。」

聽了她的話，我的心裡愣了一下。

「憂鬱是情緒感冒」，很多人會這麼說。每次聽到這句話，我都感覺陰風陣陣，特別是從憂鬱已經很嚴重的孩子的父母嘴裡說出來時。

這個說法之所以流行，是因為它的確有很好的一面。把憂鬱類比感冒，讓人一下子就能明白憂鬱很常見，沒什麼大不了，對消除羞恥感有好處。

但它也有不好的一面，它把憂鬱說得太輕描淡寫了，讓人很難重視它。實際上，憂鬱比感冒可嚴重多了。

就說一個最極端的死亡資料吧。中國每年至少有 25 萬人自殺，其中 80% 的人患有憂鬱症。也就是說，每年可能有 20 萬人因為憂鬱自殺。

當憂鬱只是憂鬱情緒時，它確實和感冒一樣常見。但如果已經發展到憂鬱狀態，甚至憂鬱症時，此時的憂鬱和感冒在感受、危害、持續時間、損傷等各個角度一點兒都無法可比。就像一個孩子和一個成年人打擂臺，兩者根本不是同一個層級的。

（4）憂鬱≠憂鬱症

簡而言之：憂鬱是一種狀態，憂鬱症是一種對症狀的明確診斷。憂鬱症一定會憂鬱，但憂鬱不一定是憂鬱症。

大多數人可能只聽說過憂鬱症，其實更準確一點，應該說「憂鬱障礙」。憂鬱障礙一直是精神醫學關注的核心問題之一，它所涵蓋的範疇涉及廣泛，包括憂鬱發作、復發性憂鬱症、持續性心境障礙、其他心境障礙、未特定的心境障礙等。

　　很多疾病都可能會造成憂鬱的狀態，不一定是憂鬱症，比如雙相情感障礙，目前在青少年裡非常多見。雙相情感障礙除了有憂鬱的表現，還會有躁狂、輕躁狂的表現。很多人格障礙和慢性疾病也有憂鬱的表現。

　　青少年階段是孩子情緒變化非常快，容易產生情緒困擾的階段。如果孩子有點憂鬱，這是一個非常普遍的發展性的問題，不要一下子給孩子扣上「憂鬱症」的大帽子。

3 憂鬱在孩子中有多常見

　　一個爸爸說：「孩子狀態是不好，情緒很差，睡眠紊亂，影響到學習，但是，還到不了憂鬱的程度吧？」

　　類似的問題我碰到過很多次。「那……你覺得孩子得什麼樣才是憂鬱啊？」

　　中國科學院心理研究所發佈的《中國國民心理健康發展報告（2019-2020）》顯示：

　　2020 年青少年的憂鬱檢出率為 24.6%，其中，輕度憂鬱為 17.2%，重度憂鬱為 7.4%。

女生輕度憂鬱的比例為 18.9%，重度憂鬱的比例為 9%；男生輕度憂鬱的比例為 15.8%，重度憂鬱的比例為 5.8%。

青少年總人數

　　隨著年級的增長，憂鬱的檢出率呈現上升趨勢。

　　小學階段的憂鬱檢出率為 1 成左右，其中重度憂鬱的檢出率約為 1.9%～3.3%。

　　初中階段的憂鬱檢出率約為 3 成，重度憂鬱的檢出率為 7.6%~8.6%。

　　高中階段的憂鬱檢出率接近 4 成，其中重度憂鬱的檢出率為 10.9%~12.5%。

　　憂鬱的平均水準隨年級的升高而增加。

　　小學階段各年級間沒有顯著差異。

　　國一和國二顯著高於小學階段，顯著低於國三與高中階段。

　　高中階段顯著高於小學和國中，但三個年級間沒有顯著差異。

「青少年的憂鬱檢出率為 24.6%」，這意味著在青少年人群中，每 4 ～ 5 個孩子就有 1 個孩子有憂鬱問題。

很多父母對憂鬱的認識含含糊糊，因為憂鬱沒有一個清晰的量化指標。它不像高血壓，指標是高壓大於 140mmHg，低壓大於 90mmHg，這是一個全世界通行的標準。孩子憂鬱到了什麼程度，這個問題很難量化。

我覺得上面的這些數字可以作為一個參考，青少年憂鬱檢出率為 24.6%，從心理健康的角度來看，如何幫孩子不成為那 1 ／ 5 ？

憂鬱這隻黑狗，就趴在孩子身邊。它離孩子的距離，近得超乎想像。

4 憂鬱不僅傷心，更傷腦

消化不良，腸胃就會出問題。總咳嗽，氣管和肺部就容易生病。按照這個邏輯，如果孩子長期憂鬱，會導致什麼地方出問題呢？

有一次我這樣問一個孩子，他說：「渾身難受，渾身都有問題。」

這樣說也對，憂鬱會有很多身體症狀，如胃疼、肚子疼、頭暈、頭痛、胸悶、心悸、肩背痛、皮膚炎、過敏等，的確

是哪兒都不舒服。

然而，這還不是我想說的重點。我特別想提醒父母們：憂鬱最大的危害不是傷心，而是傷腦，長期憂鬱會損傷大腦！

你有過這樣的時候嗎？一段時間心情很糟糕，就會感覺容易忘事，記憶力不好。如果連續兩天睡眠紊亂，就感覺腦子轉不過來，好像生鏽了一樣。

一個健康的成年人尚且如此，可以想像一下，一個憂鬱的孩子，長期飽受這樣的痛苦會是什麼樣？

透過腦部斷層掃描，心理學家直接觀察地看到，健康人的大腦和憂鬱症患者的大腦是不一樣的。

長期憂鬱會使大腦皮層活性降低，神經遞質失調，影響大腦發育和正常功能。嚴重的憂鬱會導致思考遲滯，神經遞質紊亂，海馬體損傷。

在諮商中，很多憂鬱的孩子表達了這樣的困擾：

「無法集中注意力，不能專注地做事情。」

「記憶力下降，經常忘事，很多事情想不起來了。」

「身體和腦袋很累，神經衰弱，偏頭痛，經常失眠。」

「思考好像變慢了，感覺大腦很麻木」，「卡住了」或者「生鏽了。」

這些都是憂鬱對孩子大腦的影響。

網路上經常會有因憂鬱症自殺的新聞，很多人不理解：活得好好的為什麼自殺？有什麼想不開啊？這些人怎麼這麼脆弱？

發出這樣的感慨，證明大家不瞭解憂鬱症。

讓人輕生的，不是壓力和困難，不是感情挫敗太脆弱，也不是要求完美想不開，而是憂鬱症！憂鬱症會損傷人的大腦。

憂鬱不僅是心情問題，還是生理問題。兒童和青少年階段是大腦發育的關鍵時期，憂鬱對孩子大腦的危害需要被格外關注！

5 嚴重的憂鬱對孩子的危害有多大

（1）造成發展停滯

兒童和青少年重性憂鬱發作的持續時間平均為 7 ～ 10 個月，有一小部分人會持續 1 ～ 2 年。如果不治療，大概 10% 的人還會持續更久的時間，孩子可能會因此經常請假，脫離正常的學習和生活日常。

一個孩子這樣形容他的狀態：「別人都是一輛一輛疾駛而過的汽車，而我好像拋錨了，趴在路邊。」

（2）導致成年後憂鬱

國外有一項關於青少年憂鬱和成年人憂鬱關係的研究，結果顯示：憂鬱的孩子成年以後，超過 2 ／ 3 的人至少出現過一次重性憂鬱復發。更大比例的人或多或少受到憂鬱的影響，生活滿意度更低。有的人學業沒完成，有的人朋友關係受損。

（3）引發其他問題

嚴重憂鬱往往會引發一些其他的精神和心理問題。在一項針對 67 名重性憂鬱青少年的研究中，近 1 ／ 6 的青少年達到「品行障礙」的標準，表現出嚴重的行為問題。這些嚴重的行為問題包括：攻擊性行為、破壞物品、偷竊、翹課、離家出走等。

(4) 可能致殘致死

憂鬱症被稱為「沉默的殺手」，有 10% ～ 15% 的憂鬱症患者最終可能選擇自殺。

在中國每年有 20 萬人因為憂鬱自殺。這還不包括自殺未遂的人數。

6 憂鬱 = 危機 = 危險 + 機會

孩子憂鬱了，父母眉頭深鎖，一臉凝重，一說到憂鬱就唉聲歎氣。憂鬱是很痛苦也很危險，但父母不必過分悲觀。

硬幣都是有兩面的，有正就有反，有向陽的一面，就有背陰的一面。當我們沉溺在陰面的時候，要提醒自己，事情還有另外一面。

在我的眼裡，憂鬱是一個危機，即「危」＋「機」，既包含「危險」，也蘊藏「機會」。關鍵是我們能不能克服危險，釋放機會。

憂鬱提供了哪些機會呢？

(1) 憂鬱是孩子求助的機會

情緒是信使，憂鬱就是孩子的求助訊號。你可以把憂鬱的各種表現看成孩子在無聲地吶喊，在向父母展示自己的困難。

很多孩子憂鬱發作以前都已經到了精神和心理能夠承受的極限，長期處於極度緊張、壓抑、扭曲的狀態，內心非常煎熬，但卻停不下來。這時候憂鬱其實是強迫性停止，是一種變相的自我保護。

我經常跟父母說，孩子憂鬱不全是壞事，如果不憂鬱，你還不知道他有這麼大的困難，也不知道他已經這麼難受了。

憂鬱是孩子的求助，也是孩子的邀請，邀請父母走近他、幫助他。

（2）憂鬱是孩子瞭解自己的機會

精神分析學派創始人佛洛德有一個偉大的貢獻，他告訴人們，人類除了意識，還有潛意識。

這就像一座漂浮在海面上的冰山，一眼望去，目之所及的海面之上的部分相當於我們的意識，而海面之下的巨大冰體，相當於我們的潛意識。

決定冰山狀態的，並不是海面之上的冰體，而是海面之下的龐然大物。

孩子進入青春期，自然而然地就會向內探索，知其然還得知其所以然。他們不僅要知道「我是一個什麼樣的人」，還要知道「我為什麼會這樣」。

自古至今，苦難造就一些深層次的思考。當孩子憂鬱難受的時候，恰恰是深度認識自己最好的時機。

我經常跟孩子們開玩笑：「老天爺特別有趣，開心的時候讓你享受美好，憂鬱的時候讓你自我成長，兩頭都不耽誤。」

（3）憂鬱是體驗人生不易的機會

醉過方知酒濃，愛過方知情重。人生的滋味全部在於體驗。如果沒有體驗，別人說得口沫橫飛，我們也不知道那到底是什麼感覺。

聽說過「蔚藍色的大海無邊無際」和真正看見大海是兩回事。

只有當我們站在海邊，踩著沙灘，吹著海風，望著無邊無際的大海時，才能真正體會大海多麼寬廣多麼藍。

「失去」讓人更珍惜「擁有」，「害怕」讓人更渴望「安全」，所有體驗都會讓我們更加珍惜生活，敬畏生命。憂鬱也是一次難得的體驗。

有個孩子告訴我：「如果不是親身經歷，我無法理解精神上的折磨這麼痛苦，心理健康太重要了。」

一個媽媽感歎：「孩子走出憂鬱以後跟以前不一樣了，說不清楚什麼地方變了，但能明顯感覺到他和以前不一樣了。」

只有體驗過，孩子才能真正明白生活的酸甜苦辣，也只有體驗了、經歷了、走過了，孩子才能真正成長和成熟起來。

（4）憂鬱是孩子增強能力的機會

一個孩子需要具備什麼能力呢？

有些父母認為孩子只要成績好就可以，其他的都不重要。可是，孩子不僅是個學生，還是個人啊！除了學習，他還要和別人打交道，切切實實地生活在這個世界上。

除了具備必要的學習能力，孩子還需要具備一些無形的能力，如情緒管理、人際溝通、自我約束、抗挫折的能力等。這些能力不像分數一樣可以被量化，但它們非常重要。

能力不是天生的，都是需要學習的。大部分孩子憂鬱，不是學習上出了問題，而是這些能力太欠缺了。

「困難＝挑戰＝成長」，孩子就是在不斷遇到困難、解決問題的過程中增長能力，成長起來的。

憂鬱只是成長路上的一段小插曲。孩子遇到困難很正常，問題暴露出來比掩蓋起來好。暴露出來，我們才能看見它、正視它、解決它。掩蓋起來，表面上風平浪靜，實際上危機四伏。

兩個人都有半杯水。一個人唉聲歎氣：「唉！杯子空了一半，水都快沒有了！」另一個人哈哈一樂：「哇！還有半杯水，這麼多！」

悲觀的人只看見已經沒有的，哀歎喪失。而樂觀的人則能看見希望，看見收穫。

憂鬱也是一樣。

用消極、悲觀的眼光看，憂鬱就是個大麻煩，是困難，是洪水猛獸，前路兇險，前途暗淡。

從積極、樂觀的角度看，孩子在成長過程中經歷點挫折和困難不全是壞事，這是長見識、長本事的好機會，不經歷風雨怎麼見彩虹，孩子和父母都可以從憂鬱中受益，學到更多。

哇！還有這麼多

唉，少了這麼多⋯⋯

本章小結

- 憂鬱是個連續譜。憂鬱情緒、憂鬱狀態、憂鬱症不是一回事。
- 憂鬱在青少年中非常常見，每4～5個孩子中可能就有1個孩子處於憂鬱狀態。
- 憂鬱是個身心問題，不只心情不好，還會有很多身體表現，嚴重的憂鬱會損傷大腦。
- 憂鬱是孩子的求助訊號，也是孩子成長的機會。

2

第二部分

準備應對挑戰

第 2 章

判斷孩子是否憂鬱

1 青少年憂鬱有什麼表現

憂鬱是個筐，各種負面的情緒都可以往裡裝。

當孩子陷入憂鬱狀態時，不僅心情低落，高興不起來，他的情緒、想法、學習、社交和家庭生活等方方面面都會受負面影響和困擾。

通常，青少年憂鬱會有以下這些表現：

情緒低落

孩子心情不好，悶悶不樂，以前嘻嘻哈哈，現在聽不到笑聲了。有的孩子難過、痛苦，有的孩子委屈、無助，有的孩子經常哭泣，「心裡難受」、「高興不起來」、「感覺壓抑」。

孩子的情緒可能會在一天中有所變化，但每天的變化不大。

興趣減退

以前孩子喜愛或者感興趣的活動，現在「沒有興趣了」，

情緒低落　　　興趣減退　　　疲倦無力

易怒　　　　　焦慮　　　　　思考遲緩

消極　　　　　迴避　　　　　身體不適

睡眠紊亂　　　飲食異常　　　自我傷害

任何事情都「提不起精神」。

孩子「體驗不到快樂」、「無聊」，不能從平日的活動中獲得樂趣。「生活中沒有什麼可以讓我感到快樂」、「真沒意思」。

疲倦無力

總說自己很累，無精打采，疲乏無力，不想做事，不想外出「太累了」、「沒有精神」、「不想動」、「沒力氣」。

生活沒規律，不想起來，不想洗澡，不想換衣服。

易怒

一些研究發現，有些孩子的憂鬱表現通常以易怒而不是悲傷為主。易被激怒是青少年最常報告的憂鬱體驗。

孩子會有反覆的脾氣爆發、煩躁、對抗父母、疏遠父母、失控、有語言暴力或者攻擊行為等表現。

生活沒規律，不想起來，不想洗澡，不想換衣服。

焦慮

很多孩子受焦慮困擾，常常在憂鬱和焦慮之間來回轉換。

焦慮有多種表現：有的孩子緊張害怕、常常心慌、出汗、發抖，有的孩子愛胡思亂想，擔憂各種事情，比如擔心同學誤會，害怕成績下降等；有的孩子煩躁、衝動、愛發火，有的孩子身體不適、胸悶、心悸、頭疼等。

思維遲緩

主要表現為注意力不集中、記憶力減退、大腦反應變慢、「腦子好像生了鏽」、「腦子裡一團糨糊」、「愛忘事」。

有的孩子語速會減慢、聲音低沉、很難與他人順暢交流。

消極

當孩子憂鬱時，會表現出很多認知方面的問題。看問題消極，總看到不好的一面，反覆去想不如意的事情，過分在意他人的評價，愛鑽牛角尖，習慣猜測和琢磨別人，認為自己不受歡迎：低價值感、容易自責、內疚等。

迴避

迴避壓力和社會交往，感覺自己無法應對壓力，不願意和周圍人接觸，沉默寡言，不願外出，不願上學，總待在自己的房間，不想跟別人說話，對朋友失去興趣。

身體不適

孩子可能經常感到身體不適，如頭疼、胃疼、胸悶、心悸、體虛、過敏、例假推遲等。帶孩子去醫院檢查沒有大問題，可是孩子總說難受不舒服。

睡眠紊亂

睡眠出現問題，晚上睡不著，早上不起床，白天睡太多。有的孩子睡眠紊亂，黑白顛倒，有的孩子惡夢多，易驚醒。

飲食異常

食欲減退，不想吃飯，體重減輕；或者總是想吃，暴飲暴食，在短時間內體重明顯增加。

自我傷害

有輕生的想法和念頭，有些孩子會反覆傷害自己的身體。

2 每個孩子的憂鬱表現都不同

一千個讀者眼中就有一千個哈姆雷特，心理問題更是千人千面。即使兩個孩子年齡一樣，性別一樣，生活環境相似，他們的憂鬱表現也會各不相同。

（1）有些孩子有明顯的情緒低落

文文媽媽說：「孩子很喜歡音樂，只要在家，要麼聽音樂，要麼唱歌。最近一段時間，她不聽音樂了，也不唱歌了，情緒低落，悶悶不樂，感覺很難過，還經常哭……她從小就愛美，喜歡穿漂亮衣服，最近卻很少換衣服……」也許父母無法確定哪裡出了問題，但會有一種直覺：最近孩子情緒不好，有點反常，好像變了一個人，跟以前不太一樣。這些異常和變化都在提示你，孩子可能遇到困難了。

（2）有些孩子有很多負面想法

佳佳說：「最近睡眠很不好，晚上睡不著，總做夢。早上一點精神也沒有，不想起床。」 晚上睡不著都做什麼呢？佳佳說：「腦袋裡有兩個聲音，一個說應該這樣，另一個說應該那樣。兩個聲音經常打架……每天什麼都不想做，感覺太累了！」

很多孩子憂鬱的主要表現在想法上，內心戲豐富，滿腦子都是各種想法。他們可能非常在意他人評價，擔心這個害怕那個，無法做出決定；也可能不斷反思自己的錯誤，把一切不如意歸咎於自己，認為自己「一無是處」、「沒有價值」，並因此不斷自責、懊悔。

（3）有些孩子情緒暴躁，頻繁發脾氣

從去年開始，滔滔看手機玩遊戲的時間越來越長。如果父母想跟他討論一下功課，他會立刻大吼大叫，摔摔打打。

滔滔媽媽說：「以前孩子不是這個樣子，他一直很聽話。去年夏天他好像突然變了一個人，脾氣特別大。」

面對憂鬱帶來的挫敗和痛苦，很多孩子會發洩到周圍的人或事上，很容易跟父母起衝突，可能因為一點兒小事情，情緒就會失控。他們往往表現得消極對抗，沉迷網路，作息紊亂，不去上學，迴避社交，並且不願意改變現狀。

這時候，父母心裡要有個底，孩子有可能不是青春期叛逆，而是憂鬱了，應該及時處理。

（4）有些孩子會出現身體不適

小娟從小身體弱，最近經常頭疼、肚子疼。媽媽帶她去醫院，各種檢查顯示她身體一切正常。小娟嘗試了很多方法，可是頭疼、肚子疼的「毛病」始終不見好轉。

孩子的身體和心理處於發育階段，非常敏感脆弱。情緒上有問題很容易在身體上表現出來。軀體症狀裡比較常見的有頭疼偏頭痛、胃疼肚子疼、心慌心悸、胸悶憋氣，或者有一些慢性炎症、濕疹、過敏、發炎等。

如果孩子身體不適，可以先帶孩子去醫院做身體檢查，同時要有一個意識：身體不適可能跟情緒壓力有關。

（5）有些孩子會有睡眠問題

睡眠問題，比如失眠、多夢、易驚醒，是憂鬱的常見表現。

小張同學經常做這個夢：「我在家裡睡覺，忽然闖進來

兩個人，蒙面拿刀，兇神惡煞，他們舉著刀追趕我，從廚房到客廳，從陽臺到臥室。我無處可逃，沒人來救我……」

佛洛德認為夢是潛意識的表達，是探究一個人內心的重要途徑。夢境不是真的，但是感受卻很真實。

想像一下，一個孩子在自己家裡，被破門而入拿刀追殺，會是怎樣的感受？

小張的夢在表達他內心的感受：我很害怕，每天都生活在惴惴不安中，即使在家裡也感覺不安全。

（6）有些孩子會表現出厭學拒學

自從被語文老師批評以後，小高同學就不願意去上學了。他說：「老師不公平，根本不是我的錯！」

父母不理解，指責小高：「你如果做得對，老師怎麼會批評你呢？不要總說別人有問題，先反省自己是不是有錯誤。」

小高不服：「明明是小張先招惹我的，為什麼只批評我一個人？老師就是喜歡功課好的。」

父母很無語：「有本事你也功課好點！」

迫於壓力，小高在家裡待了兩天還是去上學了。但從那以後，只要上語文課，他就睡覺，不聽課也不寫作業，還常常請假。

這幾年，青少年中厭學、不想上學的孩子越來越多。當孩子不想上學，經常請假、逃避上課或者無法上學的時候，父母就要考慮孩子會不會是憂鬱了。

(7) 微笑型憂鬱、陽光型憂鬱

有些孩子天天嘻嘻哈哈，像一個開心果，給身邊的人帶來輕鬆和快樂。如果我告訴你他可能憂鬱了，你相信嗎？

小丁同學從小就很乖很聽話，從來不和別人發生衝突，同學都認為她是一個樂觀開朗的人。可小丁告訴我：「別人都覺得我很開心，好脾氣，朋友多，其實我內心特別壓抑，孤獨，只是不願意在別人面前表現出來，天天都在裝，活得非常累。」

很多孩子表面上乖順聽話，積極向上，而內心深處卻孤獨、憂鬱、壓抑。這聽上去很矛盾，但這確實存在，而且不在少數。這種憂鬱被稱為微笑型憂鬱、陽光型憂鬱或者隱藏型憂鬱。它的特點就是：憂鬱卻裝作沒事。活得很累，裝得很好，整個人很錯亂。

微笑型憂鬱的特點：

● 過分在意他人的評價和感受，不希望麻煩別人，不想給別人帶來不好的影響。

● 認為自己不夠好，害怕別人發現自己的缺點，害怕別人不喜歡自己。

● 自我價值感低，不接納真實的自己，容易堅持自己的想法。

● 當和同學發生衝突時，不敢也不會表達內心的不滿，難以拒絕別人，常常壓抑自己，討好他人。

3 怎樣區分孩子的狀態是正常還是異常

有的父母感覺困惑：「每個人都有心情不好、狀態不好的時候，怎樣判斷孩子的情緒狀態是正常還是已經憂鬱了呢？」

孩子的情緒狀態是正常還是異常，可以從以下幾個方面來判斷：

（1）情緒不適配

一般來說，情緒感受跟客觀現實密切聯繫在一起。該難過的時候難過是正常的，該生氣的時候生氣也是正常的。

遇到高興的事卻唉聲歎氣，遇到難過的事卻漠然微笑，對於年齡小、容易喜形於色的孩子們來說，這不是「不以物喜不以己悲」的境界，而是潛藏著風險和問題。

(2) 反應過激

很多孩子會情緒敏感，反應過度，遇到一點小事就會有很大的情緒。

比如：作業沒完成，被老師批評了，難過是正常的。可是如果孩子一直哭，不想去上學，這樣的情緒反應顯然超出了一般範疇，需要父母格外關注。

(3) 難以自行調整

正常的情緒像一條鬆緊帶，有彈性有變化，可以隨境而轉，自行調整。

如果孩子的情緒好像失去了彈性，總是很低沉，不管做什麼都不高興，總是悶悶不樂，鬱鬱寡歡，難以自行調整，這時候父母就要警覺了。

(4) 持續時間長

一般情況下，孩子的情緒很容易變化。如果發現孩子沉浸在某種負面情緒裡，兩、三個星期了還是出不來，很可能孩子被情緒「卡」住了。

(5) 影響學習生活

負面情緒或多或少都會影響生活狀態，一般情況下孩子都能自行調整，不會造成很大的影響。如果孩子的情緒已經對生活和學習造成了嚴重影響，就應該引起關注了。

4 憂鬱對孩子學習的影響

不想上學…

（1）學習態度變化

最初孩子可能流露出對上學不感興趣，有不想上學的想法，在家長的督促下，仍可以勉強上學。以後逐漸發展到以各種理由或藉口請假、翹課，比如頭痛、身體不舒服、和同學關係不好、老師對自己不公平、想在家自學等。家長和老師反覆勸說也無濟於事。

孩子一般很少外出玩耍，不和同學來往，常常獨自在家裡看課外書、看手機或者做自己想做的事，拖延，不寫作業，對即將面臨的考試、升學沒有計畫和打算。

(2) 學習能力下降

很多孩子感到記憶力不如以前好，思考速度慢，思考問題困難，寫作業花費的時間比過去多，有時候不能完成作業。孩子感覺自己不能全神貫注，注意力容易受外界干擾。有些孩子花了大量時間，盡了最大努力，但學習效果還是不好，學習成績明顯下降。

(3) 自信心不足

每當考試臨近，孩子就開始擔心自己沒有充分複習，考試成績會很差，甚至不敢應考，在他人再三鼓勵和督促下才能勉強參加考試。

很多孩子由於內心過分擔憂、焦慮、糾結，在「要不要去考試」、「考不好怎麼辦」之類的問題上耗費了太多心力，沒有真正踏實學習、準備考試，結果考試成績不如願，孩子因此更受打擊。

─────── **本章小結** ───────

● 孩子憂鬱有很多種表現，每個孩子的憂鬱表現都不同。
● 情緒是心理問題的訊號員，可以透過情緒判斷孩子狀態是正常還是異常。
● 憂鬱會嚴重影響孩子學業，如果孩子拒學、厭學，家長要考慮孩子憂鬱的可能性。

憂鬱自評量表

憂鬱自評量表（SDS 自評量表），這是目前醫療機構用得最多的憂鬱自評量表，一共 20 個題目，可以讓孩子自己測試一下。

重要提示：

(1) 量表測評和診斷、評估不是一回事。這個量表只是參考，不作爲診斷和評估依據。如果孩子分數比較高，一定要去醫院做檢查。

(2) 即使孩子患憂鬱症，也不太可能出現所有的症狀。單獨來看某一種表現，很可能像是正常生活波折起伏的一部分。但當好幾個表現同時出現時，就說明孩子可能需要進一步說明了。分數越高，孩子的情況越嚴重。

(3) 如果孩子有自殺風險，出現輕生意念或自殘行爲，或者已經好幾天拒絕上學，即使沒有出現上面羅列的其他表現，也應該立即尋求專業幫助。

SDS自評量表

請根據最近一星期的實際情況評分。

		沒有或 很少時間	小部分 時間	相當 多時間	絕大部分或 全部時間	評分
1	我覺得悶悶不樂，情緒低沉。	1	2	3	4	
2	我覺得一天中早晨最好。	4	3	2	1	
3	我一陣陣哭出來或覺得想哭。	1	2	3	4	
4	我晚上睡眠不好。	1	2	3	4	
5	我吃得跟平常一樣多。	4	3	2	1	
6	我與異性密切接觸時和以往一樣感到愉快。	4	3	2	1	
7	我發覺我的體重在下降。	1	2	3	4	
8	我有便秘的苦惱。	1	2	3	4	
9	我心跳比平常快。	1	2	3	4	
10	我無緣無故地感到疲乏。	1	2	3	4	
11	我的頭腦和平常一樣清楚。	4	3	2	1	
12	我覺得經常做的事情並沒有困難。	4	3	2	1	
13	我覺得不安，平靜不下來。	1	2	3	4	
14	我對未來抱有希望。	4	3	2	1	
15	我比平常容易生氣、激動。	1	2	3	4	
16	我覺得做出決定是容易的。	4	3	2	1	
17	我覺得自己是個有用的人，有人需要我。	4	3	2	1	
18	我的生活過得很有意思。	4	3	2	1	
19	我認為如果我死了，別人會生活得更好。	1	2	3	4	
20	平常感興趣的事，我仍然感興趣。	4	3	2	1	

結果分析：

將20個項目的得分相加，即得總粗分。

總粗分＊1.25＝標準分。標準分正常上限參考值為53分。

53～62分為輕度憂鬱，63～72分為中度憂鬱，

72分以上為重度憂鬱。

第 3 章

分析孩子憂鬱的原因

1 孩子為什麼會憂鬱

　　一粒種子要長成參天大樹，需要具備各種條件，得有肥沃的土壤，足夠的陽光，豐沛的雨水，合適的溫度，還得沒有閃電劈，沒有洪水淹，沒有蝗蟲和病害，沒有人肆意砍伐，最後還得有足夠的時間。所有這些條件都具備了，這粒種子才能長成一棵大樹。

　　孩子的憂鬱也是一樣，不會只有一個原因，而是多種因素

一起作用的結果。通俗一點說就是「很多事都湊在一起了」。相互影響，相互發酵，綜合作用，並且這種情況持續一段時間，才會如此。

憂鬱的影響因素可以從生理層面、心理層面和環境層面來分析。

（1）生理層面

家族遺傳史

如果家族成員有精神方面的疾患，孩子憂鬱的可能性會比普通人高。關係越近，可能性越高。

這並不意味著，父母有憂鬱症，孩子一定會憂鬱。一般認為，遺傳因素是一種易感因數，只能說明孩子憂鬱的可能性比別人大，並不意味著它們有完全的因果關係。

先天特質

天下沒有兩片相同的樹葉，每個人天生都不同。即使處於嬰幼兒階段，孩子之間差異也是很大的。有的孩子大膽，樂觀，大大咧咧；有些孩子敏感膽小，心細如麻。

目前較為公認的研究結果是，憂鬱與神經質、消極人格特徵關係密切。青少年處於人格的形成期，也會表現出一些類似的特點。

疾患和發育問題

身體疾患、先天障礙和發育性的問題要綜合考慮進來。

比如，孩子有聽力障礙，聽說有困難，學習、生活和人際交往都會受到影響，當然也會有心理層面的影響。

一些先天性疾病可能已經治癒了，不會影響現實生活，但可能對孩子的心理造成了深遠的影響。

（2）心理層面

童年經歷

心理學研究發現，一個人早期的成長經歷是一生情緒情感的基礎。0～6歲的童年階段對孩子至關重要。孩子出生後由誰撫養、撫養人的性格、與孩子的關係、家庭經濟情況、家庭成員的關係、幼稚園階段的表現等都非常重要。

父母對待孩子的方式就像是給孩子餵飯，你餵什麼，他就感受什麼。如果父母情緒穩定、積極樂觀，孩子會感覺到放鬆舒適；如果父母情緒不穩定、憂鬱焦慮、經常發脾氣，孩子會產生消極、緊張、壓抑的感受。

思維模式

憂鬱的孩子普遍存在一些認知上的偏差，比如以偏概全、非黑即白、思維反芻等思考模式會更容易使孩子否定自己，陷入悲觀無助的負面情緒。

認知不是天生的，是孩子在與周圍人的互動中習得的，或者有樣學樣學來的，這些跟孩子的養育環境和生活經歷密切相關。

（3）環境層面

環境和壓力

人是環境中的人，壓力大、衝突多、人際疏遠的環境更容易使人憂鬱。

對孩子來說，生活環境主要是家庭和學校，生活內容主要是學習和社交。學習上，要重點考慮升學、考試、適應新學校等壓力。人際關係上，除了父母，還有同學、朋友、老師等重要關係人。

一般來說，孩子越小，受家庭的影響越大。從上小學開始，老師和同學的影響會逐漸加大。到了初高中階段，同學朋友的影響會越來越大。

生活事件

資料顯示，憂鬱發作前 92% 的人有觸發的生活事件。比如：

有的孩子可能遭遇家庭方面的壓力，如父母打罵、夫妻離婚、突然生病、親人離世等。有的壓力可能來自學校，如考試失利、被老師責罰、被同學嘲笑、遭遇霸凌、轉學適應困難等。

一些困難對成年人來說不是問題，但對孩子來說，卻是很大的壓力。

2 為什麼青春期孩子容易憂鬱

青春期是憂鬱的高發階段。這個階段，孩子的身體發生了明顯的變化，在社會、心理和角色方面遇到一系列挑戰，

學業成績和人際關係讓孩子們倍感壓力。

（1）大腦飛速發展

青春期的大腦處於飛速發展和整合階段，而掌管理性思維和控制情緒的前額葉皮質還沒有發育成熟。也就是說，此時的大腦有點「混亂」，大腦的一部分在飛速發展，一部分又不成熟。

（2）激素水準高

性激素會刺激大腦邊緣系統，而邊緣系統與情緒密切相關，焦慮、憂鬱、恐懼、憤怒這些情緒都來自邊緣系統。

大腦影像顯示，在青春期裡，大腦邊緣系統的反應比人生中任何階段都更加強烈。

(3) 身體發育快

孩子們長得更高了，身體處於快速發育的階段。他們陸續發育出成年人的特徵，比如體毛、乳房等，身體功能也有變化，如男孩的勃起、女孩的月經等。

青春期的孩子比任何階段都更加在意自己的外貌和他人的評價。

(4) 自我探索中的迷茫

青春期孩子開始思考我是什麼樣的人、社會怎麼樣、別人怎麼樣、我為什麼和別人不一樣等問題，這種自我探索容易讓孩子感覺徬徨、惆悵、孤獨。

(5) 學習和社交壓力大

青春期正值基測、會考、學測帶給孩子們的學習壓力很大。

除了學業壓力，青春期的人際關係壓力也很大。孩子開始推開父母，走向同齡人。跟父母的關係，跟同齡人的關係都容易遭遇困擾。

青春期是人一生中精力最充沛的階段，變化迅速，又特別容易受挫，容易產生各種情緒困擾，我們對青春期的孩子應該給予更多理解和關注。

3 為什麼有的孩子會憂鬱，有的不會

　　18 歲正在讀大一的女孩小文，經醫生診斷，正遭受中度焦慮，中度憂鬱。

　　小文說：「大學課程很多，每門課的要求都不一樣，學分上的，出勤上的，社會實踐上的，很複雜……室友成績比我好，看見她們學習，感覺壓力很大……我最害怕上臺演講了，別人都表現得很自然，我結結巴巴，不敢說話……現在我每天都很難受，很想哭，沒辦法適應大學生活，我想退學。」

　　憂鬱爆發出來，往往是因為這樣那樣的事件，比如學習壓力大、被老師訓斥、同學之間發生矛盾，等等。這些事件統稱為觸發事件。

　　小文身上，觸發憂鬱的事件可能是面對大學的新環境新要求，小文感覺壓力很大，上臺演講讓她更加焦慮、緊張，不斷否定自己，難以應對大學生活。

　　我們常常會認為是觸發事件導致憂鬱，壓力讓小文憂鬱。可是問題是：同學們都是大一新生，面對同樣的壓力，為什麼只有小文憂鬱了？

觸發事件不會導致憂鬱，只會促發憂鬱。

觸發事件就好比是導火線。導火線被點燃了，房子不一定會炸，關鍵是房子裡有沒有炸藥。表面上看，憂鬱可能跟一些具體事件相關，然而這只是表相。如果孩子有相應的儲備和能力，即使遭受挫折，也能夠自我調整，這些壓力和事件都會被解決，不會成為促發憂鬱的導火線。

真正導致憂鬱的，不是觸發事件，而是在壓力下孩子的反應模式：怎樣認識壓力？如何面對和化解壓力？孩子有沒有匹配的能力？能不能得到足夠的支持和幫助？面對壓力的反應模式，決定了孩子是否能夠應對壓力。

4 孩子是什麼時候開始憂鬱的

小軍媽媽來找我。她說：「半年前，我向你諮商過一次，你建議帶孩子來做諮商，我和先生擔心孩子敏感，沒過來。現在問題越來越失控，孩子一個多月不去上學了，我們實在沒辦法了。」

這樣的情況我碰到過很多。孩子早就有憂鬱的表現，可惜父母有顧慮，抱著僥倖心理，希望孩子能自行恢復，沒有及時處裡，直到嚴重了、失控了，才不得不面對。

一週　　　二週　　　三週　　……　　　N週

健康和憂鬱不是硬幣的兩面，這一面是健康，那一面是憂鬱，非此即彼。就像黑和白之間有不同程度的灰，健康和憂鬱也是一個連續譜。

你可以把憂鬱看成是一條線，從 0 到 100，孩子的憂鬱逐漸加深。當嚴重到一定程度時，孩子時不時地表現出一些異常，就像半年前的小軍，經常情緒失控，和同學衝突，和老師作對。這個時候如果還不處理，憂鬱就會繼續加深，直到某一天完全失控。

經常聽到有些父母說：「孩子以前挺好的，怎麼突然就憂鬱了呢？」憂鬱是突然發生的嗎？孩子從什麼時候開始憂鬱的？

如果沒有突發意外的重大創傷，憂鬱是不會突然找上門來的。當我們沉下心來仔細回想，就會發現憂鬱早就有徵兆了。很久以前孩子就表現出這樣那樣的問題了，只不過那時候父母沒有發現，或者發現了，沒有太當回事兒。

憂鬱不是突然發生的，而是被突然發現的。

很多時候，我們會把醫生給出確切診斷的那一天當成是憂鬱的起點。但這真的是起點嗎？孩子是那一天突然憂鬱的嗎？前一天呢？一個月以前，半年以前呢？

冰凍三尺，非一日之寒。不管是身體疾病，還是心理問題，都有一個緩慢累積的過程。檢查出生病可能是在某一天，但積累的過程已經延續很長時間了。

這個世界上，除了一些天災人禍的意外是突然降臨的，沒有什麼是偶然的。只是，你能不能撥雲見日，梳理清楚其中的因果。

孩子處於成長和發展階段，遇到問題很正常。這個時候孩子的變化很快，就算有心理困擾，修復起來也很快。同樣的，惡化起來也很快。

我做心理諮商很多年了，見了太多被卡住、停滯下來的孩子。其實剛開始，這些孩子並不嚴重，拖延迴避讓問題持續下來，變得嚴重了。孩子在成長階段，一旦脫離軌道而不及時處理，付出的代價就太大了。

本章小結

- 導致憂鬱的原因非常複雜，包含生理、心理和環境三個層面。
- 青春期孩子大腦、身體、心理都在飛速發展，學業和人際壓力很大，容易憂鬱。
- 觸發事件不是導致憂鬱的根本原因，而只是觸發了憂鬱。
- 憂鬱往往不是突然發生的，而是被突然發現的。

互動練習 2

分析憂鬱原因

回答以下問題，從生理、心理和環境三個層面，看看孩子憂鬱的原因有哪些。

分類	原因	孩子的狀況
生理層面	家族成員是否有精神疾患？	
	孩子的先天特質怎樣？	
	孩子的成長發育正常嗎？是否有身體疾病？	
心理層面	孩子童年由誰撫養？撫養的情況怎樣？	
	孩子幼稚園、小學、國高中的表現怎樣？	
	父母性格怎樣？親子關係怎樣？	
	孩子性格怎樣？喜歡做什麼？經常想什麼？	
環境層面	孩子的家庭環境怎樣？	
	孩子的學校環境怎樣？	
	孩子現在面臨什麼壓力和困擾？	
	最近發生了什麼事引發了孩子情緒狀態的變化？	

第 **4** 章

制訂處理方案，建立支援系統

1 怎樣制訂處理方案

如果孩子持續發燒，你會怎麼辦呢？

得去醫院，先檢查檢查，做一些必要的化驗，看看到底是怎麼回事。不管是吃藥、打針還是住院，得先去醫院。準確的診斷是所有治療的第一步。

身體不舒服就要去醫院，這是常識。如果是心理問題呢？如果發現孩子有憂鬱的表現，該怎麼辦呢？

（1）重視專業評估

一個醫生朋友告訴我，所有的疾病，最重要的就是診斷、診斷、診斷！

「診斷」是醫生的用語，我是一名心理諮商師，套用這個邏輯，所有的心理問題，最重要的就是評估、評估、評估！

早期的評估是後續一切處理的基礎和前提。否則，不僅

不會有好效果，還會耽誤治療。

父母發現孩子狀態異常後，可以先和孩子一起做一個自評。但出於更加保險的考慮，我會建議你及時帶孩子去醫院做檢查，或者找心理諮商師做專業評估。

這樣做有兩個好處：

一是準確判斷孩子是否憂鬱。憂鬱、焦慮、雙相情感障礙，表現會有很多相似之處，但它們不一樣，處理方式也不一樣。

二是科學判斷孩子憂鬱的程度。輕度、中度、重度，憂鬱程度不一樣，處理方式也會不同。

（2）分析孩子憂鬱的原因

孩子憂鬱的原因不同，處理方法也就不一樣。分析孩子憂鬱的原因，我們才能有方向地展開工作。

如果孩子有家族遺傳史或其他病史，建議請教精神科醫生。

如果家庭教育有問題或者養育中有很多創傷，建議和心理諮商師合作。

如果孩子當下有壓力事件，比如被霸凌、被孤立，父母需要和學校合作，有針對性地幫助孩子解決這些人際困擾。

（3）多管齊下的處理方案

為了能夠讓孩子以最快的速度擺脫憂鬱，建議父母採用

多管齊下的處理方法，可以從以下五個方面考量，結合具體情況，為孩子量身定制憂鬱處理方案。

情感支持：來自家人、朋友、醫生、心理諮商師等的情感支持、安慰和同情。

心理諮商：包含個體諮商、家庭諮商、團體諮商等。

養生之道：健康飲食、規律睡眠、鍛鍊身體、練習冥想、學會放鬆等。

有動力的學習：應對學習壓力需要持續不斷的動力，發現孩子的優勢，讓他不斷體驗成功，才能幫孩子找到學習的樂趣和價值。

藥物治療：醫生的處方藥有時候會發揮不容忽視的作用。

2 憂鬱能不能自己好起來

「憂鬱了，能不能自己好起來？」經常有人問我這個問題。有些人會換個問法，「我不想吃藥，能不能不去醫院？」、「我最近事比較多，能不能先不做心理諮商？」

這些問題都是在問：憂鬱了，可不可以不管？

要回答這個問題，我想換個方式來問你：骨折了，能不能自己好起來？

有時候能，有時候不能。

如果傷得不嚴重，在家裡自己包紮一下，也可以好起來。

不過這樣處理風險很大，要忍受痛苦，還可能會留下後遺症。如果是嚴重的骨折，不去醫院治療是萬萬不行的，不僅傷口會感染，還可能危及生命。

憂鬱也一樣，也有各種嚴重程度，要看孩子的程度和表現。

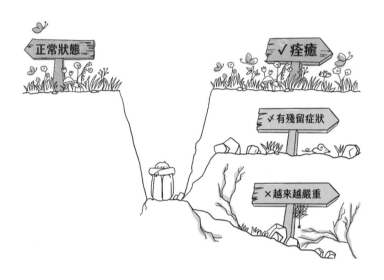

如果沒有進行任何處理，孩子可能會有三種表現：

（1）孩子憂鬱程度較低，家庭功能較好，孩子沒有服藥，也沒有進行心理諮商，半年或一年以後很可能痊癒了。

（2）同樣的情況沒有任何處理，憂鬱可能也會有所減輕，但殘留了一些症狀，如睡眠問題、頭疼、負面認知等。有資料證明，大約 20%～ 35% 的憂鬱症患者會有殘留症狀，社會功能會受到影響。這次憂鬱好像「好了」，可是沒過多久又捲土重來。

（3）還有一種情況也很常見：一段時間後，孩子憂鬱不僅沒有減輕，反而越來越嚴重。

如果孩子骨折了，所有父母都不會置之不理。人人都知道骨折的痛苦和傷害。可如果孩子憂鬱了，父母的處理方法卻會大相逕庭。

這並不是因為憂鬱不痛苦或者危害不大，而是因為很多人對它不瞭解。其實，憂鬱的痛苦和危害一點也不比骨折輕啊。

有一次，我告訴一個爸爸這三種可能性，他本來一臉凝重，聽了以後忽然輕鬆了，「那我們不去醫院了，孩子肯定是第一種」。

這就是我最害怕見到的結果。你怎麼確定孩子是第一種情況呢？如果是後兩種，你知道這個代價有多大嗎？

大部分人都會定期做體檢，體檢就是防患於未然，在疾病剛剛發生時候及早發現，及早處理，盡可能讓疾病消失在萌芽狀態。

心理問題也是一樣，都已經發現孩子憂鬱了，為什麼還要懷抱僥倖心理等待觀望呢？迴避和拖延只會延誤治療，增加痛苦。

如果發現孩子狀態異常，一定要重視問題，可以先在家庭裡嘗試調整和改變。如果幾天後孩子狀態沒有改善，一定要及時求助專業力量。

3 如果孩子憂鬱了，可以找誰幫忙

　　憂鬱的孩子常常感到無助、孤獨，覺得很難被周圍人理解。此時，父母、朋友的支持對孩子非常重要。父母要有意識地說明孩子構建一個支援系統，並且告訴孩子，當他需要傾訴或者需要幫助的時候，可以去找誰幫忙。

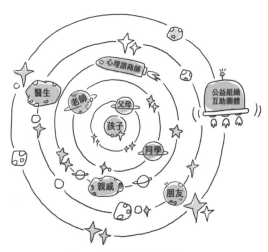

孩子憂鬱時的支援系統

（1）父母及家庭成員

　　父母和孩子生活在一起，與孩子接觸時間最長，對孩子影響最大。同時，父母也是孩子最方便找到的支持力量。

　　如果家庭成員裡還有其他人和孩子的關係比較近，比如爺爺奶奶、叔叔姑姑、哥哥姐姐，也要把這些人納入孩子的

家庭支持力量。

（2）學校老師

學校老師常常是最先發現孩子狀態異常的人。家長要多跟老師溝通，不僅要瞭解孩子的學習情況，還要瞭解孩子在學校的各種表現。

現在小學、中學和大學基本都配備了心理諮商室和心理諮商老師，是孩子們最容易接觸到的專業資源。

（3）同學、朋友

孩子狀態不好，常常會向同學和朋友傾訴。因為有著同樣的年齡、相似的生活環境，同學和朋友往往能夠提供更多的理解和支持。

（4）心理諮商師

心理諮商師是幫助孩子解決心理困擾的專業人員，可以幫助孩子克服憂鬱情緒，調整負面認知，改變行為和習慣，助其更好地成長和發展。

選擇心理諮商師，有兩點建議：

- 看專業背景和受訓經歷，諮商師要擅長情緒問題（如憂鬱、焦慮）處理和諮商。
- 孩子的心理諮商有獨特之處，諮商師需要有兒童青少年諮商經驗。

（5）**精神科醫生**

如果孩子憂鬱比較嚴重，有過自傷行為或者不能上學了，一定要及時帶孩子去醫院。就算孩子憂鬱不嚴重，去醫院做個專業篩查也是好的。

選擇醫院，有兩點建議：

● 第一選擇是精神專科醫院。
● 第二選擇是大醫院的精神科或者身心科。

（6）**其他互助組織**

有很多應對憂鬱的公益組織，在很多城市有免費的心理危機協助熱線，網路上也有一些互助小組，這些都是可以利用的資源。

父母、老師、同學、朋友、心理諮商師、精神科醫生、互助組織，從家庭到學校、社會，從生活起居到專業協助，這是一個圍繞孩子的支援系統，大家一起努力，為孩子保駕護航。

我們要告訴孩子，「憂鬱並不可怕，碰到困難時，你不是孤軍作戰，有那麼多人可以幫助你」。

孩子拒絕改變怎麼辦

一些父母告訴我：「孩子天天把自己關在房間裡，一個人待著，看手機打遊戲，不願意跟我們說話⋯⋯我們想帶孩子去醫院，他不願意去，也不同意做心理諮商，怎麼辦呢？」

這種情況不在少數。孩子狀態不好，但拒絕就醫，拒絕改變，不願意和父母溝通，父母著急又無奈，怎麼辦呢？

首先，我們要明確，憂鬱、焦慮屬於情緒情感方面的問題，情緒不好就是心理感受不好，所以，當孩子憂鬱、焦慮的時候，首先感受不好的就是他自己。

一個人餓了，最先感受到餓的人一定是他自己。如果孩子憂鬱了，他可能不知道那是憂鬱，但一定是最先感受到不舒服的人。

那麼問題來了：孩子自己感受很不好，卻不願意調整，這是為什麼呢？

為什麼寧願難受也不改變呢？

去醫院、去找心理諮商師對孩子又意味著什麼呢？

孩子怎樣理解憂鬱這回事？

是什麼阻礙孩子向他人求助呢？

（1）不想改變可能正是憂鬱的表現

憂鬱以後，人的想法會比較消極，行為上也會比較被動、退縮，比如不想出門，不想跟別人說話，不想去學校等。所以不想去醫院，不想找心理諮商師，很可能正是孩子憂鬱的一種表現。

如果是這種情況，孩子消極迴避的狀態就是一種憂鬱的「提示」，是一種無聲的表達，彷彿在說：「爸爸媽媽，我的狀態很不好，我被憂鬱卡住了，我需要幫助！」

（2）孩子和父母一起迴避憂鬱

很多家長害怕跟孩子談論憂鬱，擔心孩子一旦知道自己憂鬱了，情況就會更加嚴重。有的家長發現孩子上網查詢憂鬱的資訊，他們明明很擔心，卻裝作什麼都沒看見。

這種避而不談的氣氛很奇怪。孩子覺得自己可能憂鬱了，父母也覺得孩子憂鬱了，一家人都很緊張，但就是閉口不談。憂鬱成了房間裡的大象，明明在那裡，但是大家都假裝看不見。

如果是這種情況，建議父母主動跟孩子討論心理困擾，談一談焦慮和憂鬱到底是怎麼回事。

（3）孩子可能在對抗父母

如果家庭關係不和諧，親子衝突較多，孩子可能把父母的建議當成對自己的否定和指責。對他們來說，去醫院、去見心理諮商師就是承認自己有問題，做得不好、不對，正好驗證了父母常說的「你有錯誤，你應該改變」的指責。

當父母和孩子站在對立面的時候，父母的所有建議只會帶來對抗，不會帶來合作。你建議他去醫院，他不會去；你建議他做諮商，他也不會做。你的任何建議他都不願意聽，甚至你一說話，他就反感。

這不是孩子的問題，是關係的問題，親子關係太差了。孩子不信任父母，對父母請來的人，如醫生和心理諮商師，也是一概不信任。

如果孩子在跟你對抗，你首先要做的就是調整親子關係。

如果孩子非常堅決，就是不去醫院不見諮商師，父母可以自己先做心理諮商。這不是說父母有錯誤，而是在目前的僵局下，父母先做調整才能改變親子關係，親子關係改變了，孩子才可能發生改變。誰對誰錯不是重點，能夠幫到孩子才是目標。

（4）孩子可能從中「受益」

憂鬱不是好事，但是孩子確實可能從中「受益」，比如可以睡懶覺，可以玩手機，可以不寫作業，可以遲到，可以請假，可以暫時逃避學習壓力和人際關係等。

長遠來看，這些都不是什麼真正的好處。但是孩子看不

到這麼遠，能夠讓自己暫時舒服一點就好。就像鴕鳥一樣，他們把腦袋埋進沙土裡，只要這一刻不用面對就好。

另外可能還有一些隱形的好處。比如，孩子發脾氣的時候，父母容忍度高了，身邊的人會提供更多關注和照顧。因為孩子狀態不好，出差的父母不出差了，想離婚的不離婚了，天天吵架的也不爭吵了，等等。

對孩子來說，這些也是他們渴望的好處。

諮商中，經常有孩子告訴我：「我憂鬱以後，父母改變了很多。爸爸不再發脾氣了，媽媽也理解我了。他們之所以改變，就是因為我憂鬱了，所以我不想好起來。我害怕等我真的好了，生活又會回到以前。」

總之，孩子不想去醫院或找心理諮商師可能有多種原因，父母要去瞭解和分析孩子是怎麼想的，然後有針對性地解決方法，才能夠幫助孩子走出求助的第一步。

本章小結

- 發現孩子憂鬱，要重視專業評估，分析孩子憂鬱的原因，制訂多管齊下的處理方案。
- 及時發現，儘早處理，才能讓孩子儘快好起來。拖延、迴避會延誤治療，只會增加痛苦。
- 父母要說明孩子構建支援系統。
- 孩子拒絕處理可能有多種原因，父母要有針對性的解決方法。

制訂處理方案

1 · 按照下面的流程，和孩子一起制訂憂鬱處理方案。

第一步，用「憂鬱自評量表」進行測試。

第二步，分析導致憂鬱的原因。

第三步，制訂戰勝憂鬱的處理方案。

2 · 以下是導致孩子憂鬱的主要原因，和孩子一起分析討論，看看哪些因素導致了孩子憂鬱。

家族遺傳 _____　　學校環境 _____

先天特質 _____　　童年經歷 _____

身體疾病 _____　　壓力困擾 _____

家庭環境 _____　　生活事件 _____

親子關係 _____　　思考模式 _____

3 · 按照重要程度從最重要到最不重要，列出可能導致孩子憂鬱的五大原因：

(1) _____

(2) _____

(3) _____

(4) _____

(5) _____

4 · 針對這些原因，制訂戰勝憂鬱的處理方案。你們的想法和計畫有：

(1) _____

(2) _____

(3) _____

(4) _____

(5) _____

3

第三部分

父母的自我提升

第 5 章

孩子憂鬱，為什麼父母要成長

1 孩子憂鬱跟父母有沒有關係

　　網路上，有一個點讚量很高的問題：「什麼樣的父母會養出憂鬱的孩子？」很多人認為孩子憂鬱了，肯定是家庭教育有問題，肯定是父母有錯誤，還有人說「父母皆禍害」，都是因為父母做錯了，孩子才會憂鬱。

　　看到這種言論，不管是作為一個媽媽的我，還是作為一名心理諮商師的我，都感覺有點難過。孩子憂鬱了，父母著急又無助。對深陷困境的家庭來說，這樣的指責太缺乏體恤和理解，太不友善了。就好像一家人落難了，圍上來一群人指指點點：「你們就是有錯呀，難怪會這樣！」

　　沒錯，家庭教育很重要，父母對孩子的影響大過天，很多孩子憂鬱的確跟父母有關係，這些是事實。但是，生活很複雜，所謂的「事實」其實有很多面，只強調這一點有失偏頗，難免以偏概全。

首先，憂鬱是個非常複雜的問題，到底是哪裡出了問題，每個孩子的情況都不一樣，沒有一個標準答案，需要具體問題具體分析。

有的孩子憂鬱可能有生理方面的原因，有些孩子憂鬱跟父母的養育有關係，有些孩子是學習和人際關係上遭受了挫折，有些孩子是遭遇了意外或者生活發生變故……

所有孩子都有可能憂鬱，無論什麼樣的家庭都可能遭遇挑戰，不能簡單粗暴地責怪父母。

父母也是人，不是神，不會因為生養了孩子，能力和格局就自動提高了。人都是有血有肉、會煩會累、有局限的。

沒有十全十美的人，也就不存在十全十美的父母，當然也就不會有100%理想的原生家庭。無論哪一種家庭都有優勢，也都有各自的問題。

說了這麼多，不是為父母推脫責任。恰恰相反，不管問題出在哪裡，父母都應該是解決問題的人。

父母＝解決問題的人

不管發生了什麼，不管是誰的錯，父母都有責任幫助孩子走出困境。所以「父母皆禍害」這種說法我特別反感，指

責了大半天，最後主導作用的不還是父母嗎？

在這個世界上，最愛孩子的人一定是父母。沒有父母希望自己的孩子出問題。在養育孩子這件事上，父母一定會盡自己最大的努力。雖然某些言行未必正確，但父母都有深愛孩子的初心本意。

讓愛變形或者無力的，不是這份初心，而是很多父母壓根兒就不會愛，或者不知道怎麼去愛。這不全是他們的錯，因為他們也是這樣被自己的父母養大的。但這也確實是為人父母的不足之處，是應該學習和成長的地方。

孩子憂鬱了，遭遇挫折了，不管父母是被迫的也好，自願的也好，這都是一個實現自我成長的契機，一個成為更好父母的機會，接住了，別浪費。

2 父母和孩子相互「傳染」

一個孩子的媽媽說：「孩子憂鬱後，全家人都小心翼翼，看著孩子的臉色，提心吊膽地生活。孩子開心，家裡氣氛就輕鬆一點。孩子要是拉下個臉，一家人心情都很差。這樣的日子度日如年，看不見一點點亮光，我覺得我也憂鬱了。」

孩子憂鬱，灰心喪氣；媽媽焦慮，無助；爸爸挫敗，憤怒。表面上看，憂鬱的是孩子，其實一家人狀態都不好，甚至有

時候，父母的情緒問題比孩子還嚴重。

　　一般成年人的心理諮商，諮商師只需要跟來訪者一個人工作，而在兒童青少年的諮商裡，諮商師要兩手抓，一邊是孩子，一邊是父母，雙管齊下才能有好效果。

　　這樣安排基於兩方面的考慮：

　　（1）人都是受環境影響的。對於孩子來說，家庭是最重要的環境，父母是最重要的影響人。

　　（2）情緒具有極強的「傳染性」，一個人的情緒會影響一家人的狀態。孩子會影響父母，父母也會影響孩子。

　　人類對情緒的感知是一種本能。情緒就像是一種病毒，很容易在人與人之間「傳染」。比如你上班看到同事很開心，春風滿面，你也會莫名地高興起來。如果一到辦公室就看見領導黑著臉訓斥別人，即使你沒有被訓，心情也會立刻低沉下去。

家庭中的這種「傳染」會更加明顯。你下班回到家,打開門,看見老公和孩子的一瞬間,即使還沒說任何話,你就已經知道每個人的情緒好不好,而你此刻的情緒就已經受到影響了。

有一個著名的「踢貓效應」。一天,老闆很生氣,責罵員工。員工無故被罵,滿心憤怒,回到家看到老婆沒有做飯,對著老婆大發火。老婆也很生氣,正巧兒子在一旁搗亂,她就把氣發在了兒子身上。兒子三五歲,被媽媽責罵很憤怒。旁邊小貓正在玩兒,兒子對著小貓就是一腳踢。

老闆的憤怒傳給員工,員工的憤怒傳給妻子,妻子的憤怒傳給兒子,兒子的憤怒傳給小貓。「踢貓效應」說的就是憤怒在家人之間的傳遞。

憂鬱也是如此。孩子情緒低落,父母很容易被傳染,也會有壓抑、無力、沮喪的感受。如果父母對此沒有覺察,就很難抽身出來,無法給孩子安慰和力量。

很多父母難以承接孩子帶來的壓抑和無力感,往往會以煩躁、憤怒這些不耐煩的方式回應,造成親子衝突,加劇孩子的負面情緒。

這就好比孩子不慎落水,不會游泳的父母跳河去救,不僅救不了孩子,反而賠上了自己。

當孩子憂鬱時,父母要有所準備,這種準備包括金錢、時間和精力上的準備,也包括情緒情感方面的準備。孩子可能隨時丟過來一堆「情緒垃圾」,需要父母去承接、消化和處理。父母只有先處理好自己的情緒,才能有效幫助孩子。

3 孩子的「問題」可能不只是孩子的

　　一說起孩子的「問題」，很多父母滔滔不絕：學習沒動力，拖拉，不認真，手機成癮，不按時睡覺，沒禮貌，發脾氣……

　　在他們眼裡，孩子就是一台出了問題的機器。父母常常把壞了的機器（孩子）帶到修理廠（心理諮商室），找個修理工（諮商師）來好好修理修理。

　　「誰的問題誰負責，孩子有問題，就得孩子自己去改變呀。」

　　這個邏輯很有道理，但放在孩子身上就有點問題。

　　問題出在孩子身上，是因為他們最弱小，最容易受環境影響，但並不代表需要改變的只有這個孩子一個人。孩子是未成年人，處於成長發育階段，很多時候他們只能被動接受，

沒有能力選擇。

20 世紀 60 年代，美國一位叫薩提亞的心理學家發現一個有趣的現象。當時，她正在治療一個女患者。經過一段時間的處理，這名女性的狀態有了明顯改善，然後她回到了家裡。可是沒過多久，她以前的問題又出現了。

這次她和媽媽一起來到諮商室。當這對母女同時坐在諮商室裡時，薩提亞驚訝地發現：女患者和以前判若兩人！

薩提亞建議母女一起接受諮商。很快患者又有了改善，和媽媽的關係也更和諧了。可是她們回家後不久，問題再次出現了。

這一次，薩提亞邀請父親一起參與諮商。當父親來到諮商室，驚人的一幕再次重演。女患者和媽媽都表現得和平時不一樣！

薩提亞受此啟發創立了家庭治療。這種方法並不只是把個人的問題作為問題，而是把個人放到其生活的整個家庭環境中來觀察，對家庭展開處理和調整。

面對孩子，我們要有家庭觀和系統觀，不要把所有的精力聚焦在孩子的「問題」上。要從「問題」中心向外擴展，擴展到孩子的生活和壓力，擴展到家庭和親子關係，甚至要考慮到家庭所處的時代和社會環境。

4 你是成熟的父母嗎

人們總是默認作為成年人的父母會比孩子更成熟，但其實在很多家庭裡，父母可能並不像成熟的成年人，有時候他們更像孩子。網上有人評論說，「哪有什麼父母，只不過是孩子（不成熟的父母）養孩子」。

情感不成熟的父母有四種類型：情緒型父母、驅動型父母、消極型父母、拒絕型父母。

(1) 情緒型父母

情緒型父母的情緒不穩定並難以預測，容易大發脾氣，極其依賴他人安撫自己。他們會把自己的負面情緒放大到整個家庭之中，每個人都會捲入其中，好像世界末日來臨一樣。

與情緒型父母相處，孩子沒有安全感，很會看臉色，小心翼翼，彷彿在鋼絲繩上行走。

(2) 驅動型父母

驅動型父母習慣追求完美。他們對孩子要求比較高，也樂於花費時間和精力來掌控孩子的生活。他們會選擇各種方法迫使孩子走上他們所設想的道路，而不管孩子真正的興趣和感受是怎樣的。

與驅動型父母相處，孩子無法獲得無條件的愛。在父母強大的壓力和控制下，他們感覺緊張無措，不能放鬆表達，沒有空間做自己。

(3) 消極型父母

消極型父母可能是愛孩子的，但是他們無法成為孩子的依靠。當孩子受傷時，消極型父母往往視而不見，或者找各種原因逃避，讓孩子自己去面對和解決問題。

與消極型父母相處，孩子無法獲得較好的照顧和保護，不得不「獨立」。被忽視的感覺讓孩子內心委屈，壓抑，價值感低，認為自己不配得到更多愛。

(4) 拒絕型父母

拒絕型父母周圍似乎有一堵牆。他們更樂於待在自己的世界裡，迴避和孩子互動，不願意做情感上的交流。當孩子想要獲得父母的回應時，拒絕型父母會變得很不耐煩，甚至非常憤怒。

生活在拒絕型父母身邊，孩子會感覺到自己被嫌棄，被忽視，好像是父母的累贅，沒有價值感。有些孩子會認為，如果自己不存在，父母會過得更好。

情感不成熟的父母，表面上看起來可能沒有什麼問題，舉止正常。但在家庭生活中，特別是跟孩子互動時，他們會表現出情感不成熟的一面，無視孩子的情感需要，沉浸在自己的模式中，不能與孩子做情感聯結。同時，他們還會不自覺地利用孩子來讓自己感覺更舒服，導致父母和孩子關係倒置。

5 怎樣成長為更好的父母

養育孩子，父母靠的是什麼？

有父母說：「靠錢呀，現在做什麼不花錢，養個孩子多貴啊！」有父母說：「培養孩子關鍵得有時間。」

是的，肯定得花錢花時間。可是有了時間和錢就能夠把孩子培養好嗎？新聞裡那些不爭氣的孩子，家庭條件都不錯，還是不走正道啊。

有父母說：「靠父母的責任心，靠父母愛孩子。」

父母都愛孩子，這些年的諮商中，我常常被這種愛的力量震撼和打動，親眼所見很多父母做出巨大犧牲和改變。可是如果愛孩子就能把孩子培養好，恐怕就不會有那麼多孩子憂鬱了。

如果現在要打仗，你問一個人：「你拿什麼去打仗？」他振臂高呼：「我有信心！」你覺得可靠嗎？

實實在在的戰鬥，除了信心，還得有武器和裝備啊。

一個爸爸說：「孩子就是我們家的未來，我非常愛孩子。」

「具體說說，你是怎麼愛他的呢？」我問。

他一臉困惑：「怎麼愛他？就是覺得孩子很重要……還要怎麼愛他？」

培養孩子，愛和責任心當然很重要，可是光有願望遠遠不夠，必須得把愛轉化到生活裡，轉化到點點滴滴的陪伴和養育過程中。

心理學家弗洛姆在《愛的藝術》這本書裡說：「愛是一種持續的有意義的付出。」

對這句話，我的理解是：愛不是一個名詞，而是一個動詞。心裡有愛只是一種感受，真正的愛是去付出去做，把它化成瑣碎的生活，化成陪伴孩子的點點滴滴。

光有愛的初心不夠，還得會愛！愛不僅僅是一種感受，一種願望，更是一種付出和行動，是一種能力！

一個媽媽說：「我可以對孩子掏心掏肺，但是，沒辦法對他不吼不叫。」

這話我信。很多媽媽都是這樣，為了孩子能夠付出一切，需要去死都不會眨眼。

可問題是，現實生活中，需要我們獻出生命的時候很少。大多數時候，我們面對的都是一地雞毛，一堆雞零狗碎的小事。這些不起眼的小矛盾和小衝突就像鞋子裡的沙子，不會要人命，卻讓人天天抓狂。

歸根究柢，愛不僅是一種願望，更是一種能力。我們得有面對實際困難，解決實際問題的能力。工欲善其事，必先利其器。想要教育好孩子，我們自己必須先有能力。沒有情緒控制能力，沒有溝通能力，認知廣度和深度達不到，就算你再愛孩子，也很難真正幫助他們。

我覺得，心理健康對父母來說尤其重要。有一個情緒穩定、積極樂觀、脾氣好、善溝通的父母，是孩子一生最大的幸運。

本章小結

- 不要過度指責父母，父母是解決問題的人。
- 情緒很容易傳染。當孩子被憂鬱「淹沒」時，父母要做會「游泳」的人。
- 孩子的「問題」可能不是孩子的，而是整個家庭出了問題。
- 四種情感不成熟的父母：情緒型、驅動型、消極型、拒絕型。

父母成長計畫

好父母不是天生的,是需要學習成長的。困難既是孩子學習的機會,也是父母成長的契機。讓我們一同開啟父母成長計畫!

1.如果給「做父母」這件事打分,「0」分代表非常糟糕,「100」分代表非常優秀,你給自己打多少分?請在下圖中標注出來。

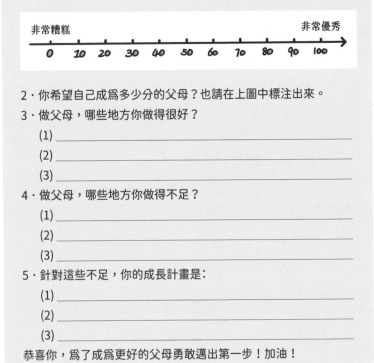

2.你希望自己成為多少分的父母?也請在上圖中標注出來。

3.做父母,哪些地方你做得很好?

    (1) _____

    (2) _____

    (3) _____

4.做父母,哪些地方你做得不足?

    (1) _____

    (2) _____

    (3) _____

5.針對這些不足,你的成長計畫是:

    (1) _____

    (2) _____

    (3) _____

恭喜你,為了成為更好的父母勇敢邁出第一步!加油!

第6章

情緒：改變消極情緒，積極應對憂鬱

1 孩子憂鬱了，父母的狀態怎麼樣

　　孩子是父母的「命根子」，如果孩子出了問題，最著急最痛苦的人肯定是父母。孩子憂鬱了，父母的狀態也不會太好。

（1）焦慮，擔憂

　　「孩子昨天又說不想上學……不聽課，也不寫作業，這樣

肯定影響考試……他還發脾氣，什麼時候能好起來啊……」如果不打斷，小張媽媽會一整天都在擔憂哀歎。

心理諮商師問：「你最近好嗎？我感覺你很焦慮，很擔憂。」

小張媽媽眼淚掉了下來：「自從知道孩子憂鬱了，我就沒睡過一個完整的覺，每天都在想這件事，沒心思上班，心慌，憋氣，惶惶不安，我感覺自己快要撐不下去了。」

孩子憂鬱時，焦慮、擔憂是父母最常見的一種狀態。如果對憂鬱不瞭解，焦慮感會更嚴重，甚至出現心慌、心悸、腸胃不適、失眠、多夢等多種身體反應。

(2) 憤怒，指責

小軍剛上初中，開學沒幾天就不願意去學校了，後來他斷斷續續請假，兩個月以後徹底不去上學了。從請假開始，家裡就暗流湧動。爸爸指責媽媽沒有把孩子教育好，媽媽抱怨爸爸只顧工作不管孩子。孩子一會兒和爸爸打，一會兒和媽媽吵。父子關係惡化，夫妻關係岌岌可危。

小軍爸爸非常氣憤：「無法理解！現在條件這麼好，為什麼不去上學？他說老師和學校有問題，為什麼別人能去，他就不能去！」

憂鬱會影響孩子的學習和生活，很多孩子會變「懶」，不想起床，迴避壓力，學習成績下降，甚至不想上學。對大多數父母來說，這些都是難以理解難以接受的，憤怒和指責也就不可避免了。

(3) 內疚，自責

「聽到醫生說孩子憂鬱了，我頭『嗡』的一聲，後面的話就聽不見了。沒有把孩子養好是我的錯，我對不起孩子，我不是個好媽媽……我天天回憶之前的事，越想越後悔，越想越自責，當時我怎麼能那樣說呢？我不是個稱職的媽媽。」

孩子憂鬱，父母會深受打擊，難免自責。很多父母會不斷回想之前跟孩子互動的場景，內心愧疚，不停地責怪自己。

(4) 憂鬱，無力

佳佳媽媽說：「孩子憂鬱了，感覺天都塌了。我告訴她，不開心也是一天，開開心心的也是一天，我們應該讓自己高興一點。孩子聽不進去，狀態越來越差。我每天度日如年，看不見一點點亮光。」

孩子憂鬱，父母手足無措，不知道該怎麼辦。看著孩子狀態每況愈下，父母一直生活在壓抑、無力和無助中。

(5) 羞恥，迴避

小紅媽媽說：「早就感覺到孩子狀態不好，就是不想面對。不想帶她去醫院，不想告訴任何人。一想到別人異樣的眼神，怪怪的語調，我就受不了，感覺是一件很丟人的醜事。」

在一些父母眼裡，「心理問題」＝「腦子有病」＝「神經病」。而「神經病」像瘟疫一樣讓人避之不及。父母有強烈的羞恥感，下意識隱藏問題，不想面對。

2 父母的狀態比做什麼更重要

曾經有一位媽媽淚眼婆娑地告訴我，她的狀態特別不好，一想到孩子就心慌、心悸、胃痛，整個人像虛脫了一樣。她非常希望這時候能夠有人幫幫她。可是老公天天忙工作，根本不在家。公婆一看見孩子就張口指責，不僅幫不上忙，反而火上澆油。

這樣的媽媽我見過很多，她們長期處於透支狀態，相比孩子的狀態，她們的狀態可能更加不好。

很多媽媽說，自己難受點沒事，可以忍可以扛，關鍵是孩子，怎樣才能幫到孩子呢？

現在最重要的不是怎樣解決孩子的問題，而是照顧好自己。狀態不好的時候，照顧好自己，就是父母能為孩子做的最好的事。

照顧好自己，讓自己保持客觀、冷靜、理性，情緒穩定，不過度反應，接納現實，積極行動，是當下父母最首要也是最重要的事。

　　這個觀點可能很反常。當孩子生病時，父母所有的注意力都會聚焦在孩子身上，可能不吃不睡地陪著，沒有心思關注自己。

　　但是，心理問題不同於一般問題。

　　當孩子出現心理問題時，父母一定要關注自己的狀態。你的狀態決定了你會採取什麼樣的應對方式，決定了家庭的氛圍，決定了孩子會受到怎樣的影響。你的狀態比做什麼更重要！

　　當一個人處於極度疲勞的狀態，情感、精力和活力都會耗盡，會變得缺乏同理心，缺乏耐心，容易煩躁生氣，這種狀態被稱為「情緒耗竭」。

　　這時候硬撐著管教孩子，不會有好效果。你的焦慮、擔憂和難過會影響孩子，不管你多麼試圖掩蓋和強打精神，孩子都會感知到。

　　相反，當你獲得了足夠的休息，心情平靜，對孩子會更包容，更有耐心。孩子像海綿，會吸收這份平靜和放鬆。

　　所以，在很多家庭裡，孩子的狀態是父母壓力的「壓力鍋」。

　　飛機的求生指引告訴我們：在遭遇危險時，必須先戴好自己的氧氣面罩，再去照顧他人。父母想要幫助孩子，前提

是自己要先有足夠的能力。

切記：我們給不出自己沒有的東西。

一塊沒有電的電池，沒有辦法給另外一塊電池充電；一個不會游泳的人，就算跳下河，也救不了別人；心臟在給其他部分供血之前先要給自己供血。

母愛很偉大，偉大之處並不在於犧牲，而是在於愛。得先把自己愛好了，才有能力愛別人，正所謂「水滿則溢」。

與其無謂的消耗，不如停下來，先照顧好自己，分一點滋養給自己。這並不是自私，恰恰是理性，是負責任。我們需要學習如何調節和照顧自己的情緒和感受，如此才能幫助孩子形成這些讓其終身受益的能力。

3 按下暫停鍵，慢下來

如果你駕駛的一輛高速行駛的汽車，突然響起了警報，你該怎麼做？

此時，本能的反應是害怕。因為害怕，很多人會踩急剎車或者打方向盤。

踩急剎車，車輪會打滑，後面的車可能會撞上來。緊打方向盤突然改變路線，會讓車失控，造成翻車。

最好的處理方式是：沉著冷靜，慢踩剎車，把速度降下來，安全地停在路邊。然後，再來看一看到底發生了什麼。找到原因後，再去琢磨如何處理。

孩子憂鬱時也是如此。

孩子憂鬱常常伴隨著很多現實困難：學習上難以勝任，想休學退學；人際關係壓力大，想調班轉學；家庭矛盾多，父母想辭職想離婚……

孩子很痛苦，報警系統啟動，父母本能的反應是立刻做點什麼幫孩子擺脫痛苦。這種反應是本能，卻未必理性。

我們都知道憤怒的時候不要做重大決定。憂鬱的時候也一樣。

這時候，我建議你按下暫停鍵，慢一點，穩一點，停一停，不要有大動作，不要急轉彎，沉著冷靜地應對就是最好的處理，比如可以請幾天假，和另一半分頭冷靜一下。

我把這種慢下來、穩處理的方式叫「有力的暫停」。

暫停，不是永遠停下來。不要做重大決定，不是逃避現

實，也不是消極被動，而是給自己喘息的時間，放慢腳步好過貿然行動，不要讓孩子在狀態不好的時候，一個接一個地應付新壓力。

「不識廬山真面目，只緣身在此山中。」暫停有利於跳出自動化的情緒反應，回歸理性和冷靜，以更全面的視角看待困難和處境。

暫停不會解決所有問題，但會讓我們更清醒，更理性，更全面客觀地看待問題：孩子需要什麼樣的說明，休學轉學有沒有「副作用」，孩子現在有能力應對這樣的挑戰嗎？

4 你是情緒的奴隸還是情緒的主人

一位爸爸說：「那天我叫孩子起床，叫了好幾遍他還不起來，我有點生氣，想把他拉起來，拉了好幾次他都不動，我就急了，接了一盆冷水，朝他潑了過去……」

衝動是魔鬼。很顯然，這個爸爸失去了理性，被憤怒之火完全控制了。事後，他回想起來非常後悔，孩子不起床是不對，可是自己的行為更加失控。

我不想指責這位爸爸，恰恰相反，我知道被情緒控制時，一個人有多麼無助，就像魔鬼附體一樣，整個人都變得不太正常了，完全被控制，沒法思考，沒有選擇。直到發洩完了，人才能回到正常狀態。

處於這種狀態的人就是情緒的奴隸。

不光憤怒如此，所有情緒只要強烈到一定程度，都可能成為控制我們的魔鬼。

爸爸的憤怒，孩子的憂鬱，媽媽的焦慮，如果被它們控制，本質上都是一樣的，我們就會成為憤怒的奴隸，憂鬱的奴隸，焦慮的奴隸。

建議你把情緒看成是一個能上天入地的小怪獸，它最大的本領就是可以鑽入你的身體，把你變得和他一樣。

面對這麼一個怪獸，來無影去無蹤，當它鑽入你的身體時，你能抓住它掌控它嗎？你是它的奴隸還是它的主人呢？

5 怎樣才是自我覺察

人們總說，一個人的習性是很難改變的。之所以難，是因為我們對自己的情緒缺乏覺察。很多時候，我們已經是情緒的奴隸而完全不自知，任由情緒推動著自己做這做那。

管理情緒，做情緒的主人，第一步就要從覺察情緒開始。

你能夠無時無刻感受到自己的情緒變化嗎？為什麼會有這些情緒呢？你的情緒反應模式是怎樣的？這些都需要自我覺察。

「自我覺察是指個體能夠辨別和瞭解自己的感覺、信念、態度、價值觀、目標、動機和行為。在此過程中，將自我從心智中分離出來當作被觀察、審視的物件。」

觀察是向外看，自我覺察是向內看。

自我覺察是把自己的感受、想法、行為當成觀察分析的物件，有點像「跳出自己看自己」。「我看我的感受」、「我看我的想法」、「我看我的行為」，對自己的感受、想法和行為時刻進行觀察。

我很生氣，這是一種感覺。

我知道我很生氣，這是一種對感覺的覺察。

我知道我很生氣，也知道我為什麼生氣，還知道我生氣了會怎麼做，這是自我覺察。

成為情緒的主人，必須學會自我覺察。沒有覺察能力，很難不被情緒控制和奴役。

自我覺察也是覺察他人的前提。對自己沒有覺察，無法理解自己，也就無法理解他人，不可能有順暢的溝通，親子關係、夫妻關係都會有問題。

─────── 本章小結 ───────

● 孩子憂鬱時，父母的狀態比做什麼更重要。
● 如果父母處於焦慮、憤怒、內疚、憂鬱、羞恥的情緒，要學會按下暫停鍵。
● 自我覺察可以幫助父母成為自己情緒的主人。

互動練習 5

自我覺察練習
當深陷某種情緒或頭腦中有很多想法時，自我覺察練習可以幫助你提高情緒掌控能力。

第一步：暫停

放下手邊的事情，找一個舒服的姿勢，可以坐著，也可以躺著，先自己暫停下來。

閉上眼睛，深呼吸，把注意力集中到身體感受上，讓身體隨著呼吸慢慢放鬆下來。

第二步：覺察

覺察身體的感受，隨著深呼吸，從上到下放鬆身體：放鬆頭皮，舒展眉頭，放鬆肩頸，放鬆脊柱，放鬆手臂，放鬆大腿，放鬆手和腳⋯⋯

覺察內心的感受：此刻有什麼樣的感受？情緒有沒有變化？

第三步：撫慰

給自己一些關愛和同情，像照顧一朵脆弱的小花，給自己一點溫柔和撫慰。

繼續深呼吸，放鬆身體，舒展心靈。

第四步：接納

不試圖改變什麼，只是呼吸，帶著一絲溫柔的憐憫，讓自己再次放鬆。

當思緒游離，重新把注意力聚焦到呼吸上。微笑，舒展，滋養，讓身體和心理都放鬆下來。

第 **7** 章

想法：升級「想法地圖」，改變錯誤認知

1 自動思考和自動評價

（1）自動思維

媽媽輔導小王寫作業，小王心不在焉。媽媽生氣了：

「這個題是怎麼錯的？這麼簡單為什麼會錯？你就是太粗心，沒把心思用在學習上！」

「敷衍了事，以後能做什麼！一個人態度不端正，做什麼事情都成功不了！」

「考不上好高中，怎麼考大學？怎麼找工作？你以後怎麼辦？」

「上次家長會，老師就批評你粗心，我這個當媽的太失敗了！好丟人啊！」

「你爸做什麼去了？他就不能管管你嗎，為什麼我一個人做這麼多，我欠你們的嗎‧‧‧‧‧」

　　這個場景你熟悉嗎？這種教育方式有效嗎？問題出在哪裡呢？這位媽媽離題了。

　　孩子做錯了一道題，媽媽批評孩子粗心，擔憂他考不上高中、大學，找不到工作，接著媽媽想起家長會上老師的批評，充滿挫敗感和羞恥感，然後話題一轉，又想起孩子爸爸，抱怨爸爸沒有責任心……

　　整個過程中，媽媽在不同的話題和情緒上來回穿梭，一會兒講學習態度，一會兒擔憂孩子未來，一會想到老師批評，一會兒又控訴老公。

　　想像一下，如果你是小王，聽了媽媽的這番「教誨」有什麼感受？

　　小王告訴我：「我媽是不是更年期到了？一點小事就沒完沒了，一會兒說這個，一會兒說那個，說著說著自己就哭了。

我都不知道怎麼了？做錯了一道題需要這樣嗎？」

和情緒一樣，想法也是無時無刻不在的。只是，我們很少覺察到它。

小王的媽媽想法太多太雜了，漫無邊際亂跑，大腦一刻也不得閒。我們很容易陷入這些想法帶來的情緒裡，一會兒為過去的事情悔恨、憤怒，一會兒又為未來的事情擔憂、焦慮。

其實，我們的想法有兩大類。

一類是自動思考，它和感受相伴而生，隨時都在變化。

比如，當你看到本書的這一頁，可能就會產生自動思考，「我不明白這些」，並稍微感覺到有點焦慮。

自動思考是自發湧現的，往往非常簡短，稍縱即逝。比如，剛才那個「我不明白這些」的自動思考現在可能已經改變了，取而代之的是「原來是這個意思」。

還有一類想法是對人對事的評判和認識。

比如「做事情應該認真」、「對別人好，別人就會對你好」、「這個世界弱肉強食」、「我不夠好，不值得被愛」。這些想法比較穩定，常常以標準和觀點的方式存在於頭腦中，我們對它們深信不疑。

（2）自動評價

週末，爸爸給兒子做了一碗麵。兒子吃過麵，轉身回自己房間了。爸爸看著桌上的空碗生氣：「太不懂事了，怎麼能這麼自私呢！孩子一點規矩沒有，被慣得不成樣子！這麼

大了不會尊重人，自私！目中無人！道德敗壞！朽木不可雕也！」

兒子聽爸爸這麼說非常委屈：「就一個碗沒洗，需要這樣嗎？」

爸爸的本意是想教育孩子學做家務，自己的事情自己負責。對一個青少年來說，做點力所能及的家務並不過分。爸爸也沒有情緒失控，沒有吼孩子打孩子。爸爸的問題出在哪兒呢？

「自私」、「懶惰」、「沒規矩」、「不尊重人」、「目中無人」、「道德敗壞」、「朽木不可雕也」……這些詞全是負面評價。在和孩子的互動中，爸爸雖然沒有提洗碗這件事，但是卻說出了一大堆指責性的評價。

我們的大腦就像一個「大法官」。當我們看到或聽到一

件事時，這位大法官就開始習慣性地評判：這是對的，那是錯的，這是好的，那是壞的，這是應該的，那是不應該的……

我們常常被這位「大法官」控制，生活在評價中，而忘記了事實是事實，評價是評價。

當這位爸爸看到桌上的空碗，「大法官」就開始發話了：「這是自私的，沒規矩的，不尊重人的……」此時，爸爸被「大法官」控制，就像被催眠一樣，關注視域變得狹窄，不再關注其他，完全被評價左右。

2 你的「想法地圖」準確嗎

如果你現在深陷一座迷宮，想要找到出口，會怎麼做？大聲疾呼？原地等候？還是用導航？

很多人會選擇用導航。

當孩子憂鬱時，就像一家人陷入了迷宮，父母要如何帶領孩子走到出口呢？

這裡有一張地圖，需要你回答四個問題：

（1）你認為孩子憂鬱嗎？

你的答案：＿＿＿＿＿＿＿＿＿＿＿＿＿＿＿＿＿＿＿＿。

（2）你認為孩子／家庭最大的問題是什麼？

你的答案：＿＿＿＿＿＿＿＿＿＿＿＿＿＿＿＿＿＿＿＿。

（3）你認為造成這種狀況的主要原因是什麼？

你的答案：＿＿＿＿＿＿＿＿＿＿＿＿＿＿＿＿＿＿＿＿。

（4）接下來，你打算怎麼做？

你的答案：＿＿＿＿＿＿＿＿＿＿＿＿＿＿＿＿＿＿＿＿。

現在你有了一張走出憂鬱迷宮的地圖，包含著對憂鬱的認識、對孩子的瞭解以及方向和計畫。

問題來了，這張地圖能夠帶你走出迷宮嗎？

小王同學，男生，16歲，讀高一。他從初三開始睡眠紊亂，愛看手機打遊戲，斷斷續續去學校上課。會考不理想，目前就讀於一所普通高中。半年前被爸爸暴打後，他搬到了爺爺奶奶家，從那以後很少和父母接觸。

小王爸爸的想法地圖：

（1）你認為孩子憂鬱嗎？

　　沒有。

（2）你認為孩子／家庭最大的問題是什麼？

　　孩子住在爺爺奶奶家，上網成癮，黑白顛倒。

（3）你認為造成這種狀況的主要原因是什麼？

　　爺爺奶奶溺愛，媽媽放任，不讓我管孩子。

（4）接下來，你打算怎麼做？

　　把孩子強行接回來，沒收手機，嚴加管教。

小王媽媽的想法地圖：

（1）你認為孩子憂鬱嗎？

　　是的，孩子嚴重憂鬱。

（2）你認為孩子／家庭最大的問題是什麼？

　　孩子和爸爸衝突很大。

（3）你認為造成這種狀況的主要原因是什麼？

　　爸爸太強勢，情緒失控，打孩子。

（4）接下來，你打算怎麼做？

　　讓孩子住在爺爺奶奶家，不要和爸爸接觸。

　　同一個孩子，同一段經歷，父母的想法地圖竟然完全不一樣，而且他們都深信只有自己的地圖才是正確的。

爸爸說：「我的地圖上出口在東邊，一直往東走就對了。」
媽媽說：「不對！出口明明在西邊，怎麼能往東走呢，應該向西走。」

一家人被困在迷宮裡，怎麼辦？出口到底在哪裡？怎麼帶領孩子走出迷宮呢？

如果地圖有偏差，方向搞錯了，所有的努力都將白費，不僅耽誤時間，吃力不討好，反而可能越走越遠，越走越糟糕。

現在，請你們一家人打開各自的想法地圖，仔細審視一下這四個問題。和孩子一起，交換一下彼此的看法，溝通並形成統一的家庭想法地圖。

（1）你認為孩子憂鬱嗎？

（2）你認為孩子／家庭最大的問題是什麼？

（3）你認為造成這種狀況的主要原因是什麼？

（4）接下來，你打算怎麼做？

3 想法是想法，事實是事實

　　每個人的內心都有很多想法，它們根深蒂固，是我們堅信不疑的標準和信念。不管你多麼頑固地相信它們，一個不容否定的真理是：想法不是事實。

　　事實是客觀發生的事情，想法是我們腦子裡的認識，它們不是一回事。這個道理好像人人都知道，但在生活中，很多人會迷迷糊糊地把它們混淆在一起，常常認為自己想的就是事實。

　　孩子：老師不喜歡我。

　　諮商師：你怎麼知道的？發生什麼事情了？

　　孩子：沒什麼事情，反正老師就是不喜歡我，他討厭我。

　　諮商師：為什麼覺得老師不喜歡你呢？

孩子：他就是看我不順眼，他不喜歡學生有自己的想法。

諮商師：你能舉個例子嗎？

孩子：沒什麼事，我覺得所有老師都這樣。

這是我跟一個孩子的對話，這個孩子經常把想法和事實混淆。比如「老師不喜歡我」、「他不喜歡學生有自己的想法」、「所有老師都這樣」，這些都是孩子的想法。事實上沒有任何衝突發生，老師也沒有指責他。可是他深信「老師不喜歡我」是事實，而且「不僅這個老師不喜歡我，所有老師都不喜歡我」。

這種情況在父母身上也時有發生。

「孩子沒憂鬱，他就是不想學習，矯情，太懶了」、「孩子太自私，就只想自己」、「孩子沒規矩，不尊重人」。

這些都是評價，是父母的想法，不是事實。

事實是什麼呢？

事實是已經發生的、客觀的、不帶任何評價的事件。只要事實發生了，對所有人，不管老師還是家長，不管諮商師還是孩子，事實應該都是一樣的。

生活中，家長的「事實」和孩子的「事實」常常不是一回事，每個人都覺得自己講得才是「事實」。其實，不管是孩子還是父母，說的都不是事實，而是自己的想法。

舉個例子：

「最近這一個星期，孩子遲到 2 次。」這是事實。

「這個孩子總是遲到」、「他太懶了」、「他不愛學習」、「他是問題小孩」，這些都是想法，不是事實。

　　「2次」不等於「總是」，「2次」是事實，「總是」是評價。

　　「遲到」是事實，「太懶」、「不愛學習，都是父母的猜測，是想法。

　　「遲到」是一個行為，是已經客觀發生的，是事實。而「問題小孩」是父母給孩子扣的一頂帽子，是評價，是想法。

4 孩子憂鬱時，父母常見的認知偏差

　　——哪有什麼憂鬱？就是懶！不想學習，給自己找理由！

　　——孩子太嬌氣，一點不舒服都忍受不了。太矯情！

　　——孩子就是性格太內向，多交朋友，活潑一點就好了。

　　——每個人都有心情不好的時候，哪有那麼多「病」！

　　——就是想得太多，簡單一點，什麼也不想就好了。

　　——就是太敏感了，大驚小怪，小題大做。

　　——可能是壓力太大了，休息休息就好了。

　　——能吃能睡的，哪有憂鬱？

　　——孩子學習很好，腦子好得很，不可能憂鬱。

── 不要找藉口，該做什麼就做什麼！

── 可能有點青春期叛逆，沒事，長大一點就好了。

── 要求完美的人才會憂鬱。

── 憂鬱是精神病，一旦得了，人就不正常了。

── 憂鬱的人會自殺，你又不想死，怎麼會是憂鬱？！

── 心情不好很正常，很快就會過去的。

── 做人應該積極一點，不要影響別人，不要這麼沮喪。

── 如果孩子真憂鬱就完了，一輩子都好不了。

── 孩子憂鬱說明家庭教育很失敗，是一件丟人的事。

── 憂鬱了不能吃藥，吃藥有副作用。

── 吃藥有依賴性，一旦吃藥就得一直吃下去。

── 不能去醫院，會給孩子一個不好的標籤。

── 千萬不要跟別人說，家醜不可外揚。

── 心理諮詢就是聊聊天，沒有用。

5 父母的哪些想法需要升級

（1）「為什麼別人行，你不行？」

你看看人家！
多學學小張！

有些父母很喜歡談論「別人家的孩子」：

「為什麼小張表現這麼好，你表現這麼差？你看看人家，再看看自己！為什麼別人可以做到，你不行？為什麼表姐每次都能考第一，你一次都沒有考過？」

父母的本意可能是想讓孩子透過比較看見差距，見賢思齊，但這種激將法常常讓孩子感到很挫敗。結果長了別人的威風，滅了自己孩子的志氣。

世界上沒有兩片相同的葉子，也沒有兩個相同的孩子。正因為不同，每個人才有存在的價值。這並不意味著安於現狀，認命了，不用努力了。恰恰相反，要看到孩子的優勢，讓他跟自己比，不斷突破。

很多父母擔心不提醒孩子，孩子就不瞭解自己和別人的差距。其實，這種擔憂有點多餘。孩子天天在學校，就生活在壓力中心，父母不用去比較，孩子們心知肚明。現在升學考試的壓力無處不在，孩子們的壓力已經夠大了，如果回到家還繼續天天受挫，學習的動力和信心就會備受打擊。

我常常跟父母們感歎：「要像保護眼睛一樣保護孩子的學習動力，這是孩子愛上學習，自發學習的唯一辦法。」

(2) 「作為一名學生，你必須……你應該……」

任何道理都是有條件的

很多父母特別喜歡說「必須」和「應該」：

「作為一名學生，你應該積極主動學習，必須把成績趕上來，必須考上好高中。你應該團結同學，你應該給別人留下一個好印象，你必須好好表現，尊重師長。」

熟悉我的人都知道，我一直很自律。以前也喜歡對自己

說「應該」、「必須」，張口就是「我必須把這件事做好，我應該對自己要求再高一點，絕對不能拖延」。

這樣的「高標準」、「嚴格要求」讓我收穫了不少，可是也讓我很焦慮很糾結，常常跟自己過不去。

一天，我無意中看到一句話：「任何真理都是有條件的。」我反覆琢磨這句話，越品越有味道。很多道理固然對，但真的是任何時候都「必須」、「應該」嗎？

所有物體都會往下落。這句話沒錯吧？地球有引力，東西往下落，這是生活常識。可是它是有條件的，必須得在地球上。

所有的真理都是有條件的。我們往往只重視結論，而忽視了條件。

生活不是只有一個模版，每個孩子都不一樣，他們的狀態和境遇更是千姿百態。一個標準的道理能夠適用於所有的孩子、所有的情況嗎？

(3) 「我是你媽，這麼做都是為了你好！」

父母常常以「為你好」為由要求孩子：「我們是你的父母，我們愛你，不會害你，所以，你必須聽我們的！」

父母愛孩子，這一點我從不懷疑。但是我質疑，這種「為你好」的方式能不能帶來孩子「真正的好」－自尊、自信、舒展和全面發展。

青少年階段，孩子開始形成自我意識，要像對待一個成年人一樣，尊重平等地對待他們。

「因為我是為你好，所以你應該聽我的。」如果把這種邏輯平移到生活中的其他關係，比如夫妻關係、朋友關係、同事關係，你會有什麼感覺呢？

同事：「我對你這麼好，你應該想著我，為我做事。」

朋友：「我是為你好，你應該聽我的建議，按我說的做。」

這讓人感覺「情感被捆綁＋生活被控制」，難怪孩子們會說：「爸媽，你們以後別這樣愛我了，我不需要這樣的愛！」

(4)　「想當年，我那時候……」

很多父母喜歡拿自己的經歷教育孩子：

「我們小時候，特別珍惜學習機會。父母不會早送晚接，學習都是自己的事兒，哪像你啊，天天說累……我上學的時候，老師都喜歡我，我對老師恭恭敬敬……」

「就是因為當年我沒好好學習，才吃了這麼多苦，我不希望你也這樣……」

經驗是人生的精華，很多父母希望把這些經驗原封不動地傳給孩子，讓孩子少走彎路，更好地發展。這個想法是好的，的確有很多人生哲理和做人做事的道理可以幫到孩子。但是，以前的經驗未必都適用於現在的孩子。

二、三十年間，世界發生了翻天覆地的變化。無論是家庭、學校還是社會，和以前都大不相同。當年有當年的條件，現在有現在的壓力。環境變了，孩子的生活方式、學習壓力都變了。當年的經歷適用於當時的環境，想要搞定現在的壓力，父母得與時俱進，和孩子一起來探索。

（5）「在學校必須聽老師的！」

一個女孩告訴我，她在學校經常被老師當眾訓斥。有時候她覺得很冤枉，想跟老師解釋一下，老師根本不聽她說，認為她說謊、狡辯、不服管教，甚至當著全班同學的面說一些侮辱人格的話。

這個女孩特別委屈，向父母求助。父母不相信她，一句話就終結了討論：「老師都是為你好，在學校你就得聽老師的！」

對孩子來說，老師是權威人士。「在學校應該聽老師的」，單獨看這句話沒有問題，但是它是有條件的。

老師不僅是一種角色，更是一個個活生生的人，不排除少數老師為人處事的方式不成熟，可能受情緒影響，可能犯錯，可能疏忽。

如果這個老師說得對，是應該聽取的。可是如果明顯不對，為什麼「應該」聽呢？網路上報導的老師性侵孩子的案件，怎麼解釋呢？

6 怎樣升級「想法地圖」

（1）換位思考，不評判對錯

生活中的事情，有絕對的對和錯嗎？

比如，小王同學玩遊戲不學習，這件事是對還是錯呢？

從爸爸的角度看，這肯定不對啊，玩物喪志，荒廢學業，對眼睛也不好，百害無一益。

從媽媽的角度看，孩子已經憂鬱了，不能去上學，玩遊戲也算是一種發洩情緒的方法吧。

而從小王的角度來看，玩遊戲能夠讓自己放鬆、快樂、有成就感、交到朋友。這些在學校裡都沒有辦法得到。如果連遊戲也不給玩，生活還有什麼意義呢？

存在即合理。一切想法只要產生了，都是有其合理性的。

如果我們不去評判對錯，而是真正去傾聽這個人說了什麼，瞭解他的感受和想法，以對方為中心，而不是以對錯為中心，設身處地為對方著想，就會發現，如果我們站在爸爸的位置上，就會認同爸爸，如果站在孩子的位置上，我們的想法就會和孩子一模一樣。

事情也好，人也好，都是很複雜的。不同的角度就會有不同的想法。只要你站在合適的位置上，每一個想法都是對的。

公說公有理，婆說婆有理。

所謂的「不可理喻」，有時候並不是對方的想法太奇怪太反常，而是因為我們固守著自己的位置和想法，不願意去理解對方，更不願意站在對方的角度上去考慮問題。

（2）變「正確的想法」為「合適的想法」

不評判對錯，並不代表著什麼都好，什麼都合適。

想法不是白日夢，還得落實到現實生活中。有些想法有利於解決問題，而有些想法呢，可以理解，但確實不利於解決問題，還可能會讓情況越來越糟糕。

換句話說，想法沒有對和錯，但確實有合適與不合適的區別。

一個想法是合適的想法或是不合適的想法，主要看三點：

- 是否適應當下的狀況。
- 是否有利於解決問題。
- 是否對孩子長久有利。

比如，要不要帶小王同學去醫院就要衡量這三點：孩子目前的狀態怎麼樣？去醫院是不是有利於解決問題？這樣做對孩子是不是有利？

顯然，當孩子狀態每況愈下，父母已經束手無策的時候，去醫院是一個合適的想法。

有些想法特別「正確」，就是解決不了問題。比如父母對孩子說的「應該早起早睡」、「不應該發脾氣」、「應該好好說話」、「應該積極上進」……這些想法都很對，但如果

在不太合適的時機，以不合適的方式傳達，就會適得其反。

歸根究柢，想法不是用來評判的，也不是用來爭論對錯的，而是用來解決現實問題的，必須適應當下的狀況。不管黑貓還是白貓，能抓住老鼠就是好貓。能夠真正幫助孩子的想法才是當下合適的想法。

───┤ **本章小結** ├───

- 想法一旦偏誤，就如同拿錯了地圖。孩子憂鬱時，父母要檢視自己的想法地圖。
- 自動思維和自動評價無處不在。
- 即使想法根深蒂固，也不是事實。
- 如果一個想法能夠適應當下的狀況，有利於解決問題，對孩子長久有利，就是合適的想法。

升級「想法地圖」

請記錄和孩子的互動事件，捕捉事件中你的自動思維和自動評價，
想一想怎樣將它們升級成更加合適的想法。

事件	自動思維／自動評價	升級後更合適的想法

第 8 章

行為：停止無效行為，學習新技能

父母很愛孩子，為什麼孩子感覺不到

　　小張同學捏著嗓子，學著媽媽的樣子說：「每次爸爸打了我，我媽就過來講好話，他是你爸爸，爸爸是愛你的，愛你才管你的，教育你是為你好，不要跟他生氣。」

　　「老師，我好無語啊！他們這是愛我嗎？打我還說愛我？我被打了還得去愛他？這是什麼道理！我寧願他們不要愛我！」

　　小張爸爸也很苦惱：「我承認打人不對，可是這個孩子真的很氣人！拿著手機不學習，拖拖拉拉。他媽媽跟他講道理，他又不聽。明年就要高考了，這樣的態度怎麼行啊，考不上好大學，一輩子都受影響！」

　　世界上最遠的距離不是天涯海角，而是 - 父母那麼愛孩子，孩子卻感覺不到⋯⋯

講到父母和孩子，我們總會說到愛，父母要學會愛孩子。說實話，真正缺乏愛的家庭一般比較疏離、冷漠。很多家庭雞犬不寧，一地雞毛，並不缺少愛，只是父母之愛和孩子之愛不一致，才會相愛相殺。

父母之愛，在現實層面，重點是考慮孩子的未來，為以後的工作和前途謀劃考量。這種愛眼光比較長遠，不太關注目前孩子的感受。「現在吃點苦，以後才能好。」

孩子之愛，在感受層面，能夠被包容、被理解、被尊重、被認可，這就是愛。這種愛比較情緒化，沒有那麼深思熟慮。「現在都不快樂，還談什麼以後呢！」

造成這種錯位和差異的，可能是生活經歷。我們都是從單純快樂的小白，慢慢地被生活「調教」，一點點變得複雜成熟，學會為長遠打算的。

父母之愛和孩子之愛可能無法一致，中間隔了長長久久的生活閱歷。很多人都是長大成為父母了，才真正明白父母

當年的那份愛。

所以不一致是正常的，沒有兩個人的想法會完全一致，但大家仍然可以相互溝通、理解、尊重、合作。小張同學之所以厭煩父母，是因為父母不願意理解他、尊重他，他們只希望小張按照他們的期待去做。

有一個愛的公式講出了錯位的愛和真正的愛的不同之處。

錯位的愛：我用我認為的方式愛你。

真正的愛：我用你想要的方式愛你。

釣魚要因魚下餌，不同的魚吃不同的餌料。錯位的愛就好比是小白兔拿胡蘿蔔釣魚，對小白兔來說，胡蘿蔔是人間美味，可是對魚來說，胡蘿蔔沒有任何吸引力。

甲之蜜糖，乙之砒霜。錯位的愛讓孩子感覺不到愛，在他們眼裡，那些只能算是父母自己的期待和控制，而不是他們渴望的愛。

2 講道理為什麼沒有用

經常聽父母訴苦：

「天天苦口婆心講道理，孩子一點也聽不進去，沒有任何改變。有時候看著他在聽，其實他根本不過腦子，左耳朵進右耳朵出。」

「一些事來來回回地說，孩子還嫌煩，一聽就發脾氣，真不知道該怎麼辦⋯⋯」

當孩子出現了這樣那樣的問題，父母通常會指出問題，並且告訴孩子應該怎麼做，希望孩子儘快調整好狀態，回到「正確的軌道」上，做些「應該做的事情」。

道理講了一遍又一遍，父母嘴皮子都快磨破了，卻沒有任何效果。很多父母因此責怪孩子，「不懂事」、「沒有進取心」、「太任性」、「無法理解」、「不可理喻」⋯⋯

孩子聽不懂道理嗎？為什麼他們沒有任何改變呢？為什麼他們這麼反感？當孩子憂鬱時，怎麼幫助他們呢？

如果現在有一場演出要邀請你上臺表演，你會不會緊張？

我想大部分人或多或少都會緊張。

如果我告訴你「不用緊張，沒什麼可害怕的，演砸了也沒關係」，你的緊張和害怕會消失嗎？

3 怎樣做才能真正幫到孩子

經常聽孩子們說，「父母就愛講大道理」。

「大道理」這個「大」字很有意思，又大又空又假，一些抽象出來的概念和評價，忽略了環境和條件，忽視了感受和

需要，不講具體情況，不講差異，不講細節，也不講方法。

這樣的道理就像是一個大篩子，揮來揮去，很用力卻沒有辦法發揮作用，既不能給孩子解惑，又無法提供具體幫助。

如果一個朋友信誓旦旦地告訴你，「這次考試，我要得一百分」，或者，「這個月，我要賺十萬塊錢」，你會相信他嗎？

是不是要看是誰？他有沒有這種能力？如果他平時學習很好或者很有能力，我們會覺得，可以，八九不離十。可是如果他平時排名倒數第一，總是求父母救濟，那麼這事就奇怪了，恐怕只是一句空話。

想法歸想法，能力歸能力，「想做到」不等於「能做到」啊。

經常有人感慨：「這些道理我都懂，就是做不到。」

我們從來不缺道理。從出生到現在，天天都在學知識，學道理，很多大道理耳熟於心，比誰都懂。就算我們「不明事理」，遇到問題的時候，別人也會「忍不住」給我們講講道理。

道理聽了好幾車，問題還是解決不了。歸根究柢，解決問題不是需要道理，而是需要能力。知道應該怎麼做只是個開頭，更重要的是需要具備一步一步做好的能力。

我們不僅要給孩子講道理，更要幫助他們提高能力。能力不提高，道理講了一籮筐也沒有用。

如果兩隻眼睛總盯著孩子的問題，父母就會陷入負面情緒裡，很難理性判斷，也很難採取有效行動。

這時候，父母可以嘗試把孩子的問題轉化成他們需要學習的能力。

這種視角能夠把父母從負面情緒中拉出來，然後把精力聚焦到提高能力上，聚焦到如何行動上。

比如：孩子不開心，生同學的氣，在家裡發脾氣，認為別人故意刁難他。

父母認為孩子的問題是：消極，任性，愛鑽牛角尖。

如果把視角轉換一下，想一想孩子需要學習的能力是什麼呢？

孩子需要學習的能力：如何管理自己的情緒。

作為父母，怎樣幫助孩子學習這些能力呢？

（1）可以傾聽孩子的感受。

（2）可以和孩子一起分析原因。

（3）可以帶孩子做點開心的事。

（4）可以在孩子平靜時一起探討如何解決問題……

再比如：孩子寫作業慢，注意力不集中，容易分神。

父母認為孩子的問題是：學習態度不認真，就知道玩，被動拖延。

如果把這個視角轉換一下，想一想孩子需要學習的能力是什麼呢？

孩子需要學習的能力是：怎樣合理安排時間，怎樣集中注意力。

父母可以怎樣幫助孩子呢？

（1）跟孩子一起做一個時間表。

（2）教孩子統籌安排時間。

（3）把番茄工作法、費曼學習法融入孩子的學習中。

（4）當孩子積極主動時，給予表揚和獎勵……

把孩子的問題轉化成孩子需要提高的能力，一些父母分享了做出這種改變後的收穫：

「孩子的問題和欠缺的能力其實是一回事。以前我總經常盯著孩子的問題，自己擔心焦慮，就會指責孩子，其實孩子也很無助。」

「把『問題』轉化成『能力』，讓我找到了行動的目標和方法，我知道怎樣做才能幫助孩子了。」

「盯著孩子的問題，就會忍不住指責他。思維方式一轉變，心態立刻變了，就想著怎樣幫助孩子提高能力，沒有那麼多負面情緒了。」

4 良藥能不能不苦口

「苦口良藥」可以變成「三明治」

大部分孩子都不喜歡聽父母講道理。父母一張嘴,他們就自動關閉了耳道,充耳不聞。很多青春期的孩子會表現出明顯的不耐煩和對抗情緒,一聽父母說話就煩躁,和父母爭吵。

人生道理是我們對生活體驗的積累和總結,為什麼在孩子的眼裡這些人生的精華如此不值得一提?為什麼他們討厭和父母溝通呢?

我覺得很大一個原因是,講道理包含著我們的看法和評價,孩子從中感覺到了批評和指責。

當我們跟孩子說,你應該做什麼或者你應該怎麼做的時候,話語間也同時在傳達,你不應該那樣,那樣是不好的,你是不對的。

孩子都是很敏感的，這種評價背後的不滿和指責立刻就會被他們捕捉到。這時候他們就會感覺到壓力，杏仁核被啟動，他們就會產生焦慮、厭煩、憤怒、不滿等情緒。這些情緒會讓一個本來就焦慮憂鬱的孩子更加煩躁。為了維護自己，他們就會用對抗的方式和父母頂撞，所有的道理也就被擋在了心門之外。

　　舉個例子：

　　小張同學憂鬱了，天天在家裡哭。媽媽很著急，想開導開導孩子，勸解孩子：「別人是別人，你是你，別人有別人的問題，你也要反思一下自己的問題啊……你現在是個學生，要把注意力放在學習上……不要斤斤計較，不要這麼敏感，要樂觀一點……」

　　孩子聽到這些話會是什麼感覺？

　　他感覺到的不是理解和愛，而是媽媽的不滿、批評、指責、瞧不上。

　　父母認為自己是在就事論事，孩子感受到的是評價和指責。這種錯位並不是親子關係獨有的，我們每個人都會如此。

　　比如，有一天，老闆心情不好，借著一點小事當場把你劈頭大罵訓了一頓。你氣呼呼地回到家，跟老公抱怨：「老闆真是有病，一點事兒需要這樣嗎？他說話也太難聽了！」

　　如果這時候，老公說：「蒼蠅不叮無縫的蛋，自己做得不好還說別人，你要反省一下自己的問題啊，工作沒做好能怪別人嗎？」

　　你會有什麼感覺？會不會很惱火，想跟老公吵一架？

　　父母在跟孩子講道理的時候，經常會說：「我知道你不愛聽，但是忠言逆耳，良藥苦口，我這是為了你好，雖然不好聽，但我還是得說……」

　　父母都是為了孩子好，這點我從來不懷疑。但是，「逆耳」就會聽不進去，「苦口」就會喝不下去。當孩子聽不進去、喝不下去的時候，我們一遍遍地吹耳旁風、灌苦藥湯有什麼用呢？

　　怎麼才能讓忠言不逆耳？

　　怎麼才能讓良藥不苦口？

　　怎麼才能在給孩子講道理的時候，不啟動孩子的杏仁核，不讓孩子感覺到被要求被批評？

　　怎麼才能讓我們的關愛抵達孩子的內心呢？

　　這裡給大家分享一個小工具，父母可以嘗試把苦口的良藥用美味包裹起來，做成一份色香味俱全的「三明治」。

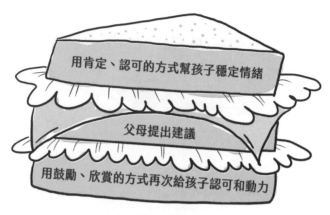

「三明治」溝通法

讓我們一起來看看這個好吃的「三明治」是怎麼做的：

三明治的第一層：用肯定、認可的方式幫孩子穩定情緒。

三明治的第二層：父母提出建議。

三明治的第三層：用鼓勵、欣賞的方式再次給孩子認可和動力。

舉個例子：

小張和同學發生了矛盾，心情煩躁。

苦口良藥：「你不要總說別人不好，別人是別人，你也有你自己的問題，應該好好反省反省自己。」

美味的三明治：

第一層：「我能看出來，你想和同學弄好關係，你特別重視友誼。你願意真誠待人，很實在，這一點特別可貴。」

第二層：「朋友相處時發生矛盾在所難免，關鍵是怎麼解決

矛盾。你可以先自己想想，再和同學好好溝通一下。」

第三層：「你從小朋友就很多，別人都喜歡你，我相信你能夠解決好這個問題。」

想一想，如果你是小張同學，是喜歡苦口的良藥，還是美味的「三明治」呢？

5 打罵、懲罰孩子有沒有用

小李同學，男孩，16 歲，讀高一。經醫生診斷，患有重度憂鬱。

會考以前，媽媽就發現小李狀態不太對，總說頭疼，忘東忘西，拖拖拉拉，不愛說話，不愛運動。媽媽把這些表現告訴爸爸，爸爸一聽就生氣了：「還有半年就要會考了，整天吊兒郎當的怎麼行，學習態度有問題！」

此後，媽媽給小李增加了補習班，爸爸天天教訓鞭策孩子。

會考時，小李未能考入理想高中。後來爸爸走後門，讓他在一所比較好的高中借讀。剛開學不久，小李的狀態就每況愈下，整天說自己頭疼，無法完成作業。媽媽帶小李去醫院檢查，頭部沒有什麼毛病。爸爸非常生氣，好不容易上了高中，孩子卻是這種表現！

一次，爸爸又動手懲罰小李：「你知道上學花了多少錢嗎？爛泥扶不上牆！你這個樣子，還不如死了算了！」

就在這時，被爸爸踹倒在地的小李突然站起來，打開抽屜，抓了一大把藥吞了下去……

說起打孩子，很多父母振振有詞：棍棒底下出孝子，孩子不聽話，就應該打啊，打他罵他是為了他好，父母這麼做沒有什麼不對，這樣才是負責任！

在一些家庭裡，即使孩子已經被醫生診斷為憂鬱症，父母仍然責罵孩子：「憂鬱不是理由，不要給自己找藉口！」

一位爸爸告訴我：「吃得苦中苦，方為人上人，現在狠一點是為了孩子將來好，狼爸虎媽不都是為了孩子好嗎！」

還有的父母說：「我對孩子要求不高，沒有要求必須考第一第二名，最起碼的一些要求必須做到。」

我不想討論狼爸虎媽的教育方式是不是可取，也不想討論孩子必須完成哪些「最起碼的要求」，只想無比坦誠地告訴父母們：壓制、逼迫和打罵也許有短暫的效果，但時間一長，肯定是兩敗俱傷。如果孩子已經憂鬱了，這些方法都將是雪上加霜，會加重孩子的憂鬱，對孩子發揮不了好效果。

我們常常把打孩子當成一種懲戒：因為你犯錯了，所以才會被打，打你是合理的，是應該的。但這真的合理嗎？

員警抓罪犯，罪犯該不該打？該打，搶劫傷人、謀財害命都特別該打。

但員警能打他們嗎？不能。

為什麼不能呢？懲罰可以有多種方式，可以採取經濟懲罰，可以限制權利，可以判刑關起來，還可以判死刑。法律都不提倡以暴制暴，用毆打的方式去懲罰。

教育孩子也是一樣。孩子犯錯了，可以懲罰嗎？可以，很多時候懲罰都是很有必要的。

懲罰的方式有很多，你可以暫時不理他，讓他自己冷靜，也可以限制他的某些權利，還可以取消對他的某些好處，等等。

不管理由是什麼，不管是誰打誰，不管怎樣美化它，打人的實質都是暴力。

一個大人打一個孩子，一個身強力壯的人打一個明顯處於弱勢的人，一個掌握家庭資源的人打一個必須依賴他的人⋯⋯這就不僅僅是暴力了，更是一種權力的濫用。

以大欺小，恃強凌弱，是社會的叢林法則。而家之所以是家，就是因為它和其他地方都不一樣。家不是權力的角鬥場，而是一個講愛講感情的地方。

6 發現孩子自傷怎麼辦

一位爸爸告訴我，他和女兒吵架，女兒爬上窗臺，大嚷大叫：「你再罵，我就跳下去！」他當時被氣瘋了，覺得孩

子是在威脅他，指著孩子破口大罵：「跳啊，你想死我不攔你！有本事你就跳！」這個孩子看看窗外又看看爸爸，跨在窗臺上號啕大哭。

「你不怕她真跳下去嗎？」我問。

這個爸爸看上去很輕鬆：「她不敢跳，嚇唬我呢，這麼高，她膽子小根本不敢跳。」

是的，我相信正常情況下她是不敢跳。可是如果孩子憂鬱了，情緒失控之下，那就說不定了。

兒童和青少年的自傷自殺往往都是情緒型的、衝動的、盲目的、非計畫性的。如果父母發現孩子有這樣的徵兆，一定要高度重視。任何不恰當的處理可能都是壓倒駱駝的最後一根稻草。先穩定住孩子的情緒，讓他遠離危險，千萬不可在孩子情緒激烈時激化矛盾。

如果發現孩子有自傷自殺行為，可以這樣做：

（1）立刻制止孩子繼續自傷。

（2）做好防護和陪伴，孩子身邊一定要始終有人。

（3）把傷害工具（刀、藥品等）收起來，妥善保管。

（4）穩定孩子情緒，不要指責，強化矛盾。

（5）及時帶孩子去醫院檢查就醫，必要時可以掛醫院急診。

（6）聯繫心理諮商師，積極開展心理諮商。

- 孩子憂鬱時，講道理和打罵懲罰通常都沒有用。停止無效行為，學習新技能，才能真正幫助孩子。
- 錯位的愛：「我用我認為正確的方式愛著你。」真正的愛：「我用你想要的方式愛著你。」
- 把「孩子的問題」轉化成「孩子需要提高的能力」，可以幫助父母擺脫負面情緒，將注意力聚焦在行動上。
- 把「苦口良藥」做成「美味的三明治」，有利於孩子消化吸收。

互動練習 7

有效行動起來

請記錄和孩子的互動事件，回顧事件中自己的應對行為是否有效，想一想怎樣將無效行為變為更有效的行動。

事件	行為 （父母如何應對）	結果 （隨後發生了什麼）	改變後的 有效行動

第 9 章

關係：改善親子關係，轉對抗為合作

1 什麼樣的家庭容易養出憂鬱的孩子

親子關係是父母和孩子的關係，這是孩子來到世界上的第一份關係，也是孩子最核心最重要的關係。親子關係是孩子情感發展的基礎，不僅決定了孩子的內心世界會怎樣，還決定了孩子會與他人構建怎樣的關係。

有四種類型的親子關係和孩子憂鬱密切相關，它們是：忽視型、專制型、放縱型和捆綁型。

（1）忽視型關係

忽視型關係有兩類：

第一類，人不在場，心不在場。

父母和孩子不生活在一起。孩子既得不到父母在生活上的照顧，也得不到父母的情感滋養。留守兒童多數屬於這一類。

第二類，人在場，心不在場。

父母和孩子生活在一起。但父母要麼忙工作，要麼忙家務，無心照顧孩子，不能用心陪伴孩子，和孩子互動。比如「喪偶式家庭」，媽媽負責照顧孩子，爸爸很疏離，爸爸跟孩子就是忽視型關係。

對孩子的影響：

孩子從小在感情上遭到父母的忽視或拒絕，會有深深的匱乏感，安全感不足，缺乏自信，認為自己不夠好，價值感較低。孩子可能很害羞、膽怯、自卑、退縮，容易焦慮、自責。

（2）專制型關係

父母命令，孩子服從。一切都是父母說了算，父母很少考慮孩子的意願和喜好，往往對孩子的需求採取「一刀切」的方式，強勢地幫孩子決定一切。

對於專制型的父母，要求和控制可能無處不在。

專制型父母重事情，輕感受。父母不關心孩子的感受和想法，只在意孩子能不能夠依照自己的規則和要求行事。他們普遍認為感受不重要，再難受也得按照規矩把事情做好。

對孩子的影響：

孩子長期被父母壓制，沒有辦法放鬆地做自己。孩子很壓抑，緊張、焦慮、不快樂。有些孩子會小心翼翼地滿足父母的要求，這些孩子都是「聽話的乖孩子」，他們缺乏主動性，只會依照父母的指令行事，容易討好和順從他人。

有些孩子不滿父母的專制，內心充滿憤怒，變成了「叛逆壞小孩」，他們往往會用對抗、衝突來回擊父母，這時候

就會不斷上演家庭大戰。

（3）放縱型關係

放縱型關係有兩類。

第一類是包辦型。在包辦型關係裡，父母是為孩子服務的，孩子飯來張口、衣來伸手，就像一個小皇帝一樣，什麼都不用做。

這種包辦看似是愛，其實是耽誤。父母做得太多，不鼓勵甚至不喜歡孩子自己去解決問題，把孩子永遠當成娃娃養，孩子沒有機會去發展自身的能力。

第二類是縱容型。縱容型父母，孩子要什麼就給什麼，父母對孩子的一切給予寬容和接納，不管孩子的需要是否合理，他們都會盡力滿足。父母對孩子缺乏一以貫之的原則和要求，對孩子的行為和習慣沒有約束和控制。如：任由孩子不規律地飲食起居，放任孩子看電視、打手遊、吃零食，等等。對孩子的影響：

被父母縱容長大的孩子，心中只有自己，輕視別人，肆意而為，無視規則和紀律。他們既依賴又不尊重父母。這種孩子常常會成為家裡的「小霸王」，學校的「小惡魔」。他們很難和同學發展長期友好的關係，看上去飛揚跋扈，其實內心有一種深深的孤獨感。

（4）**捆綁型關係**

父母在情感上沒有真正獨立，往往打著愛的名義，照顧孩子的同時要求孩子反哺父母。

父母控制欲很強，常常站在道德的制高點上，以自憐、自我犧牲為籌碼去要求和控制孩子，「我這麼做都是為了你好」、「要不是為了你，我早離婚了」。他們不關心也不尊重孩子的感受，不允許孩子獨立，希望孩子永遠和他們在一起，並因為他們的付出而聽話、感恩、孝順。

對孩子的影響：

孩子被父母捆綁，很難成長為一個有獨立意識的個體。孩子常常會有深深的內疚感，會感覺到一種說不出來的壓力，被驅使著不得不去做一些不願意做的事情，內心有一種無力和難言的憤怒，甚至會有窒息感、絕望感。

以上列舉了四種親子關係，在現實生活中，一個家庭裡可能有多種模式，比如：爸爸是忽視型，媽媽是專制型，奶奶是放縱型，幾種模式相互交叉，相互影響，常常使孩子的養育問題更加複雜。

同一個人在不同的時間或不同的情境下，採用的教養模式可能也不同。比如：孩子幼小時，媽媽可能是放縱型。等孩子上學後，學習壓力大了，媽媽可能變成專制型。一些家庭裡，父母本來是專制型，孩子憂鬱以後，父母擔憂害怕，變成了放縱型。

2 先建立關係，再教育孩子

11 歲的女孩小玉在讀小學五年級。她出生後不久，就和父母分開了，父母在深圳打工，她跟隨爺爺奶奶在安徽老家生活。一年前，父母離開深圳，回到老家，一家人終於團聚了。

父母本以為自己回家，女兒應該很高興，可是她卻悶悶

不樂，有時候還偷偷掉眼淚。前不久，媽媽發現女兒在房間裡哭，拿小刀劃手背，趕緊帶她去了當地醫院。經醫生診斷，小玉中度憂鬱。

分別給小玉同學和她的父母做諮商後，我發現問題可能出在親子關係上。父母一直在外上班，和孩子是一種忽視型關係。生活上無法陪伴孩子，精神上互動也很少。父母不太瞭解孩子的想法和感受。

回到家鄉以後，父母和孩子之間的關係轉化成了專制型。父母總是指責孩子，挑剔孩子：「孩子一直跟著家裡老人，生活習慣很不好，不講衛生，也沒有規矩。我們教育她，是希望她改一改。」

教育孩子沒有錯，可換位想一想，小玉同學的感受會是

什麼樣的呢？

小時候，需要父母的時候他們不在。現在他們好不容易回來了，一開口就是教訓，一會兒指責她習慣不好，一會兒批評她學習成績差，她心裡會是什麼滋味？她能感覺到父母的愛嗎？

正常的關係：1+1=2

良好的關係：1+1>2

不好的關係：1+1<2

同樣都是「1+1」，之所以結果不同，這中間的差別就出在關係上。

所有人和人的關係都可以簡化成一個等式：「我們＝我＋你＋關係。」關係好就會為合作加分，產生「 」的效果；關係不好就會為合作減分，產生「1＋1＜2」的結果。

人和人之間，夫妻也好，父子母子也好，關係決定一切。親子關係更要把「關係」放在第一位。沒有良好的感情和互動，親子關係就只有「親子」，沒有「關係」。

「健康好比數位1，家庭、事業、地位、錢財都是後面的0。有了健康這個1，後面的0越多就越好。如果沒有健康這個1，後面再多0也沒用。」

這句話放在家庭教育裡也特別合適－父母和孩子的關係好比「1」，各種教育理念、規則、習慣、方法、能力，都是「0」。有了親子關係這個「1」，後面的「0」越多，孩子就會越優秀。反之，沒有好的關係，家庭教育就是無根之木、無源之水。

小玉的爸爸自己做生意，我問他：「你喜歡和什麼樣的人合作？」

爸爸說：「人靠譜是最重要的，人好關係好，合作才能順利。」

「如果現在有兩個人，產品和服務都差不多，一個人和你關係好，一個人和你關係不好，你會選擇哪個人？」我問。

「這還用說，當然是關係好的了，」爸爸說：「關係好，什麼都能談，關係不好，什麼都白搭。」

親子關係也是如此。孩子不像成年人精於算計，他們更加感性，更憑藉自己的感覺去辦事。

關係好，我就願意和你在一起，喜歡聽你說話，不自覺就會受你影響。你要是語文老師，我語文課就積極表現。你要是數學老師，我的數學進步就很快。很多孩子都是因為喜歡老師而喜歡某一門課，這就是愛屋及烏。

關係不好呢，一看見你就煩，一聽你說話就皺眉，你說得再對再有道理，我一個字都不想聽。你讓我往東，我非得往西。你說這個好，我就非說不好。很多時候，孩子壓根就沒有理性分析對和錯，就是本能地不想聽，想要和你唱反調。

家庭教育裡什麼最重要？

不是向孩子證明你說得多麼對，也不是告訴他錯在哪兒，而是走進他的世界，和他建立良好的關係，讓他認同你、喜歡你，這個時候他才能向你敞開心門，願意接受你的影響。

先維護關係，再教育孩子。維護關係就是構建父母和孩

子的「通路」，有了「通路」，才能夠把知識、規則、習慣等裝車打包，經由這條「通路」抵達孩子的生活和內心世界。

親子關係有問題的家庭，一定要先和孩子建立和修復好親子關係，然後再用合適的方式去教育和影響孩子。

如果孩子憂鬱了，父母切記，這個時候要把孩子的感受放在第一位，不要急著去告訴孩子他的想法對不對或者糾正他的行為，要先走進孩子的內心，讓孩子感覺到自己被理解，被接納，被支持。

先走進孩子，再教育孩子。沒有良好的關係，教育就無從談起。

3　在外面都挺好，為什麼只跟孩子生氣

一個爸爸很困惑：「我跟朋友和同事相處都很好，非常融洽，唯獨跟老婆和孩子處不來，特別是孩子，只要在一起就有衝突，這是怎麼回事呢？難道真有『相生相剋』這回事兒？」

心理諮商師問：「你和孩子相處與你和同事相處有什麼不同嗎？」

爸爸說：「家裡人和外人當然不一樣了，在外面大家都是為了工作，不管你高不高興，好歹也得裝一裝。在家裡就

放鬆多了，比較真實。」

心理諮商師問：「嗯，真實指的是什麼樣啊？」

爸爸不好意思地笑了笑：「這個……」

心理諮商師問：「假如，跟孩子的相處能夠與跟同事相處差不多，你覺得親子關係會不會有改善呢？」

「嗯……」爸爸不說話了。

在外面是好好先生，在家裡是暴躁老爸；在外面是溫柔女士，在家裡是強勢老媽。把外人的感受當回事，不把家人的感受當回事。這種情況非常普遍。

這當然跟父母自身很有關係，父母是否是一個情感成熟的人，能否自洽和諧，能否管理控制好情緒，這些非常重要。

家人對你意味著什麼？除了真實和親密，你如何定義親密關係呢？

把對方定義為什麼樣的人，將影響到關係的相處方式。對閨蜜的期待肯定和普通朋友不一樣，對鐵哥們的要求和陌生人也不一樣。如何定義親子關係，將影響到父母如何對待孩子。

　　如果在你的內心深處，「孩子就是我的全部，比生命還重要」，那麼你肯定非常重視孩子，愛孩子的同時，親子關係也容易界限不清，充滿焦慮、控制和溺愛。

　　如果你認為「孩子好麻煩，是個包袱，是個累贅」，那麼你就可能會忽視孩子，親子關係中充滿了指責和抱怨。

　　定位就像一個錨，錨定了彼此的相處模式。你想和孩子建立什麼樣的關係，可以先給這段關係定好位。

　　如果認為「我是孩子的好朋友、好閨蜜、好哥們」，那麼你就會以對待朋友、閨蜜、哥們的方式對待孩子；

　　如果認為「我是主管或老闆」，你就會像對待員工一樣對待孩子；

　　如果認為「我是照顧者，是保姆」，你就會對孩子照顧有加，卻權威不足；

　　如果認為「我是銀行，是錢袋子」，那你就會養出一個只有缺錢了才會想起你的孩子。

　　很多父母沒有認真想過這個問題，但其實它一直都存在，只是我們沒有意識到而已。你如何定義自己和孩子的關係？你想做一個怎樣的爸爸或媽媽呢？

4 怎樣才是尊重孩子

14 歲的女孩小張在讀國中二年級,她從小就是個乖順的孩子。爸爸是一名軍人,認真嚴厲,脾氣急躁,講求完美。媽媽是一個全職主婦,溫柔軟弱。

半年前,爸爸發現小張偷偷玩遊戲,書包裡還藏了動漫的玩偶和衣服。爸爸認為她「不學好」、「不務正業」,把這些東西全扔了。小張和爸爸大吵,被爸爸狠狠揍了一頓。從那以後,小張和父母就「不能好好說話了」,學習一落千丈。

說起小張,爸爸非常氣憤:「孩子太不懂尊重人,竟然吼我!」

心理諮商師說:「嗯,聽上去你很生氣,非常不能接受……我大膽問一句,您吼過她嗎?」

爸爸一愣,說:「我,我……吼過呀,也打過。」

心理諮商師問:「爸爸打女兒可以,女兒不能吼爸爸?」

爸爸想了想說:「對啊,就是不行啊!」

為什麼不行呢?

因為你是爸爸,你年長,你賺錢養她,就可以有特權,可以打她罵她,不必尊重她了嗎?

　　我們從小就被教育尊老愛幼，尊重老人愛護孩子。對於年長的、地位高的、有權威或成功的人，我們很容易尊重對方，而對於年幼的、地位低的、收入少、能力弱的人，比如孩子，我們更多的是愛護，不太講尊重。

　　孩子小的時候，的確需要更多呵護。但隨著年齡越來越大，特別是到了青春期以後，孩子需要的照護在逐漸減少，而被尊重被信任的需要逐漸在增加。

　　著名的導演李安說過一段話，「我做了父親，做了人家的先生，並不代表我就能很自然地得到他們的尊敬，我每天還是要達到某一個標準，來贏得他們的尊敬」。

　　關係是雙向的。今天我們怎樣對待孩子，明天孩子就會怎樣對待我們。這句話我常常拿來自省。為人父母，並不代表著理所當然就應該得到孩子的尊重和信賴，我們每天都要好好對待他們，尊重他們，來贏得孩子同樣的尊重。

小張同學 7 歲的時候，有一次，爸爸帶她去理髮。路上，她小心翼翼地跟爸爸說：「班上女同學都綁辮子，我也想把頭髮留長一點。」

爸爸似聽非聽，嗯嗯答應。

一進理髮店，爸爸就跟理髮師下達指令：「給她理得短一點，俐落一點。」

小張氣呼呼地看著爸爸，小聲嘀咕：「我想綁辮子。」

「別鬧了！」爸爸一句呵斥終止了談話。

小張說：「從小學到初中，我一直都是短頭髮。別人都說我爸當主管，多麼能幹，但是我覺得給他當女兒是這個世界上最不幸的事情，連綁個辮子的機會都沒有。」

德國哲學家馬丁·布伯在關係本體論中闡述了兩種關係：「我和你」與「我和它」。這兩種關係是我們構建與他人關係的方式。

在「我和它」的關係裡，「我」看見的不是一個活生生的「你」，而是一個執行我的意願或者達成我的目標的「它」。「我」只把「它」當成一個物件，不會在意「它」是什麼感受或者怎麼想。

只有在「我和你」的關係中，「我」才能夠把「你」當成一個和我一樣的人，我們互動的目的是建立和維持良好的關係，讓我們彼此的情感得到滋養，並且透過合作達成目標。

經常聽到很多父母談尊重談平等，很多所謂的「尊重」流於表面，非常敷衍。

在家裡，小張爸爸就是「老闆」，大多數時候，他會直接做主，也有時候，他會象徵性地徵求一下小張的看法，但其實，他並不會理會或者真正接納小張的想法。小張覺得這樣的「民主」更虛假。

一年前，家裡買了新房子，一家人興高采烈地去看新房，討論裝修方案。

爸爸問：「你希望把房間刷成什麼顏色？」

小張想了想：「粉色，我喜歡粉色。」

裝修完畢收房了，小張興沖沖地跑進自己的房間，一進去她就愣住了，說好的粉色全無蹤影，四面牆壁全是藍色！

而爸爸好像什麼都沒有發生一樣，帶著一貫的風範問：「喜歡你的房間嗎？」

小張直挺挺地站在那裡，她看著爸爸，就像看著一堵牆。

尊重的前提是把對方看成一個人，不是一個稱呼，也不是一個角色，而是一個活生生的人，有自己感受和想法的人。

孩子再小也是一個人，小孩兒不是一個「小玩意」，也不是「小木偶」。父母對孩子，不是「父母」這種角色對「孩子」這種角色，首先是一個人對另一個人。

5 怎樣才是好父母

我們常常教育孩子，怎麼做個好孩子。但是如果站在孩子的視角上，怎麼做才是好父母呢？

我發現對於怎麼做個好孩子，無論是成年人還是小孩，大家的認識都大同小異。但是，對於怎麼做個好父母，每個人的認識都不太一樣。有的父母為了孩子盡心盡力，孩子憂鬱了，他們滿心愧疚，認為自己不是好父母；而有的父母忽視孩子、不管孩子，孩子憂鬱了，他們非常憤怒，認為孩子矯情，自己已經做得足夠好了。

我們都曾經被父母養育過，現在又作為父母養育孩子，那麼，什麼樣的父母是稱職的？什麼樣的父母是失職的？我們要成為一個怎樣的父母呢？

如果把「父母」看成一種職業，它可能是世界上工作時間最長、投入最多、要求最全面、最具挑戰性的一份「工作」。

工作都有考核指標，父母要如何考核呢？

我覺得好父母有兩個標準：

一個是合理滿足孩子當下的需要。這種需要包含生理需要（吃喝拉撒睡），也包含心理需要（安全感、價值感、快樂有意義、對知識的渴求、對世界的好奇等）。

另一個是為孩子長遠發展做好準備，比如培養孩子的習慣、性格、能力、人際交往、興趣、愛好、優勢等，都屬於

這個層次。

　　孩子年齡不同，成長重點不一樣，對父母的要求也不一樣。20 世紀著名的發展心理學家愛利克·埃裡克森在他的社會發展理論中，把一個人的心理發展劃分為八個階段，每個階段都負有其特殊的社會心理發展任務。

　　嬰兒期（0～1 歲）：透過與撫養人的關係獲得信任感。

　　學前期（3～6 歲）：透過探索新環境的能力，獲得主動性。

　　幼兒期（1～3 歲）：透過掌握生活技能，獲得獨立的自主感。

　　學齡初期（6～12 歲）：透過勤奮學習，獲得成就感，避免產生自卑感。

　　青春期（12～20 歲）：透過對周遭事物的觀察和思考，建立起真正的自我感。

　　成人早期（20～25 歲）：透過建立愛情和家庭，獲得親密感。

　　成年期（25～65 歲）：透過成家立業，獲得創造感。

　　老年期（65 歲之後）：如果以上各階段都能保持積極向上的人生觀，晚年就會獲得一生的完美感。

在嬰幼兒階段，吃喝拉撒是主題，父母能夠情緒穩定，把孩子照顧好就可以了。孩子再大一點，習慣培養成為重點，自己吃飯、如廁、穿衣、刷牙，孩子在自我掌控的過程中發展能力和自信。

進入小學，學習成為主旋律，父母得充當半個老師，檢查作業、安排學習成為每日主題。

等孩子到青春期了，「我是誰」、「我要過什麼樣的人生」，人生選擇和價值觀成為孩子探索的主題，如何說明孩子找到自信、找到自我價值，父母要充當助手和導師。

然後，孩子遠離父母，開始在社會上獨立生存，父母既是最堅固的大後方，又是孩子人生航向的指引者。

親子關係伴隨著孩子的成長而變化。由抱著、背著、拉著、牽著，再到遠遠地看著。由一張床到兩個房，再到遠離家庭，父母和孩子的空間距離越來越遠，心理依賴越來越少。

很多孩子都是青春期左右出現心理問題，一方面，這跟孩子青春期身體和心理的成長特點有關係，另一方面，青春期的孩子面臨的挑戰比較多，無形中對父母提出了更高的要求。

很多父母沒有應對的能力，他們更善於提供一些現實層面的幫助，比如做飯、洗衣服、給錢等，但無法在心理和精神層面給孩子提供養料，無法適應孩子的這些發展需求，就很容易在孩子遭遇困難時被卡住。

6 如何有效管教孩子

一些孩子憂鬱了，整天玩手機，不睡覺，不學習，還隨意發脾氣，父母著急又無奈，敢怒不敢言。一方面，他們怕孩子情緒不好，憂鬱復發或者加重。另一方面，他們內心並不認可目前的狀態，懷疑自己是不是在縱容孩子，讓孩子「變本加厲」、「無法無天」。

父母的擔憂不無道理。

孩子憂鬱以後，親子關係會發生變化，專制型父母表現得最突出。一些父母以前對孩子比較嚴厲，指責多，要求多，現在孩子憂鬱了，父母自我反思，內心充滿了對孩子的虧欠和對憂鬱的恐懼。帶著深深的自責和內疚，他們很容易變成縱容型父母。只要孩子能開心，父母沒有要求，一切都可以。不再講規則，不再發脾氣，一切以孩子的情緒為重。

這樣的調整從短期看有利於孩子的恢復。但如果一直這樣下去，孩子就會被縱容，未必是好事。

所有的調整都是為了孩子更好的發展。不憂鬱並不是真正的目標。一味地討好孩子，孩子的情緒可能會有所改善，但是，這樣做的不良影響也很多。

孩子年齡小，認知、習慣和性格都在形成階段，縱容型的關係不利於培養出能力強又自律的孩子。孩子終究是要長大的，教育的目的不是為了讓孩子舒服，而是要幫助他們發

展能力，適應社會。

怎麼辦呢？

父母要學會：一手愛孩子，一手管孩子。既要給孩子高品質的、無條件的愛，又要給孩子立好規矩，培養習慣，增強能力。這兩隻手缺一不可。

愛孩子的手：提供情感支援，情感撫慰，讓孩子感覺被愛、被接納、被包容，可以自由、舒展地做自己。

管孩子的手：提供規則、要求，讓孩子建立規則意識，學會自我約束、自我管理。

自律和自由可以攜手同行。健康且平衡的管教，在提升孩子的情緒智力和自律中發揮關鍵作用。

父母需要學會在兩隻手之間保持平衡。孩子情感情緒出了問題，愛孩子的手就要趕緊伸出來。當孩子沒有規矩界限的時候，管孩子的手就要加大力氣。

現代家庭教育都在提倡父母的愛是無條件的，我發現很多人把這個「無條件」理解錯了。無條件不是無原則、無限制，恰恰相反，高品質的父母之愛既是無條件的，又是有原則、有限制的。無條件指的是「我愛你，不因為你表現得怎麼樣或者做了什麼。不因為你是男孩／女孩、你學習好、你聽話、你乖順，我才愛你。你是我的孩子，我是你的媽媽，這份母子之愛從孩子一降生就開始了，是沒有條件」。

　　有原則呢，指的是「我愛你，我希望你好，所以我不僅愛你，更要會愛。我要用真正對你好的方式去愛你，從長遠去培養你，而不是只要你當下舒服就夠了」。

　　《西遊記》裡有一個三打白骨精的故事。孫悟空要出去找吃的。為了防止唐僧被妖精抓去，孫悟空用金箍棒在地上畫了一個圈。他告訴師父，只要在這個圈裡，你就是安全的，千萬不要出了這個圈。

　　我們對孩子的愛和這個圈有點類似，家庭教育裡也要有這樣一個圈。

　　在這個圈裡，孩子可以很自由，可以站，可以坐，可以走，可以躺，可以聊天，但是不能出了這個圈。這個圈限制你，但是它也能保護你。如果出了圈就容易失控，可能還有危險。

　　不過，這並不意味著 - 如果你出了圈，我就不愛你了。

　　我還是愛你的，但是你出了圈，可能得吃苦頭，受到懲罰或者付出代價。

　　高品質的父母之愛是兩手抓的，一隻手是無條件，一隻手是有原則。

無條件為孩子提供支援，有原則為孩子提供限制。在孩子的情感上我們無條件支持，但是在言行和習慣上我們要有限制有要求。既不能打壓和折損孩子，又不能溺愛和放任孩子。

這是一種高難度的平衡。

我跟很多父母開玩笑，教育好孩子，你就是一個平衡大師了。

很多時候，父母就是一隻手拿矛，一隻手持盾。矛有矛的威力，盾有盾的作用，它們可以相互配合，既能攻擊，又能自保，並不會自相矛盾。

按照「兩隻手」的理論，你會發現，四種有問題的親子關係都是不平衡的。

（1）忽視型父母

「愛孩子的手」和「管孩子的手」都比較弱。

對忽視型父母的建議：

- 當孩子需要時，父母能夠做到「人在場，心也在場」。
- 重視孩子，留出時間陪伴孩子。
- 傾聽孩子，陪孩子玩耍，做孩子喜歡的事情。
- 多表達對孩子的關心和愛，認可、鼓勵孩子。
- 經常和孩子談談心。

（2）專制型父母

「愛孩子的手」比較弱，「管孩子的手」比較強硬。

對專制型父母的建議：

- 尊重孩子，平等對待孩子。
- 多傾聽，瞭解孩子的內心世界。
- 肯定、鼓勵孩子，儘量少指責、評價孩子。
- 陪孩子玩耍，做孩子喜歡的事情。
- 經常和孩子談談心。
- 學會向孩子道歉。

(3) 放縱型父母

「愛孩子的手」比較強，「管孩子的手」比較弱。

對放縱型父母的建議：

強調界限，對孩子有基本的底線和規則。

- 培養良好的習慣，按時吃飯睡覺，限制孩子玩遊戲、花錢等。
- 以身作則，堅持規則，不要輕易變動。
- 父母不要把所有的注意力都放在孩子身上，要有自己的生活。
- 讓孩子學會自己做事，並為自己的行為負責。

(4) 捆綁型父母

和孩子之間沒有兩隻手的距離，在心理上完全捆綁在一起。

對捆綁型父母的建議：

- 有自己的生活，培養興趣愛好，不要把所有的注意力都放在孩子身上。
- 學習情感獨立，適度拉開距離，不要依賴孩子、向孩子要安慰。

- 學會放手，向後退，不過度干涉孩子的生活。
- 不要向孩子哭訴自己的婚姻和成年人的糾紛，讓孩子安心做孩子。

─────────┤ **本章小結** ├─────────

- 先建立好關係，再教育孩子。沒有良好的關係，無從談教育。
- 四種有問題的親子關係類型：忽視型、專制型、放縱型、捆綁型。
- 孩子年齡不同，成長重點不一樣，對父母的要求也不一樣。
- 父母要學會兩手抓：一手愛孩子，一手管孩子。高品質的父母之愛既是無條件的，又是有原則有限制的。

互動練習 8

平衡親子關係

想一想你和孩子的關係是一種怎樣的關係？如何運用「兩隻手」平衡好親子關係，讓孩子自由又自律？

	親子關係類型	如何平衡親子關係？	
		愛孩子的手	管孩子的手
母子			
父子			
其他重要關係			

第四部分

孩子的狀態調整

第 10 章

接住情緒：讓孩子感受到被認可

憂鬱屬於情緒情感（心境）障礙，顧名思義，問題主要出在情緒情感上。所以，幫助孩子克服憂鬱也主要在情緒感受層面上做引導。

這句話非常重要，我要放慢速度，一字一字再強調一遍，憂鬱是一個情緒情感問題，我們要學會在情緒感受層面上做下功夫。

之所以強調這一點，是因為我們大多數人都想不到也不太會在情緒感受層面上下功夫。

拿小張打個比方：小張同學憂鬱了，情緒低落，什麼都不想做，學習拖延回避，經常看手機刷影片。馬上高二了，小張自己也很著急，但就是沒辦法控制自己。

這時候，如何幫助小張呢？

（1）給小張講講道理：「都高二了，你應該好好利用時間」、「不要這麼消極，做人要積極主動一點」、「老師批評你也不是沒有道理」。

—— 這些是在做認知層面的引導。

（2）施加壓力，加強管理，逼迫小張好好學習：「不想學也得學！」、「把手機收起來！」

—— 這些是在做行為層面的引導。

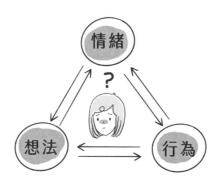

讓我們理性地想一想，孩子情緒低落，焦慮又受挫，還有深深的無助感，講道理和施加壓力能夠改變孩子的狀態嗎？孩子知道時間緊壓力大，自己有很多問題，就能夠不焦慮、不受挫、不無助、積極主動、健康快樂嗎？

我覺得很難，這些方式不僅改變不了小張的狀態，反而會加劇焦慮和憂鬱。小張會越來越難以應對壓力，煩躁憂鬱。

怎麼辦呢？

回到剛開始的那句話：憂鬱是一個情緒情感問題，我們要學會在情緒感受層面上做引導。

事情有兩個層面，一個是現實層面，另一個是感受層面。

孩子學習成績下降，這是現實；內心感覺壓抑、緊張，這是感受。

孩子請假，不想去上學，這是現實；對上學恐懼、害怕，這是感受。

現實和感受是一件事情不同的兩面，它們常常交織在一起，相互影響，但不是一回事。

舉一個成年人的例子：丈夫出軌被發現了，妻子很悲痛。丈夫承諾與第三者一刀兩斷，回歸家庭。

按理說，現實層面上問題已經解決了，日子照常過，婚姻很穩定。可是，問題真正解決了嗎？他們的感情能夠像以前一樣嗎？

現實問題是解決了，不代表感受問題消失了。現實是現實，感受是感受，這是兩條路線，不是一回事。

人是生活在現實中的，更是生活在感受中的。事情很重要，情緒和感受也很重要。很多矛盾和困擾都是因為情緒問題沒有解決，一旦情緒問題都順了，現實問題並不是真正的困擾。

父母給小張講道理，施加壓力，指責、打罵孩子，都是試圖在現實層面解決問題，而沒有解決感受層面的問題。

父母在現實層面，孩子在感受層面，父母和孩子在不同的頻道上。似乎雙方是在說同一件事，但相互沒有交集，無法真正互通。

這並不是說現實問題不重要，為了讓小張高興一點，父母也會絞盡腦汁。只是父母不明白，學習上拖延迴避是一種外在表現，真正的內核問題是憂鬱，是情緒感受的問題。只

「治標」不行，還得「治本」。只有排除情緒情感的內在障礙，孩子才能夠從心裡頭熱愛學習，享受學校生活。這種處理方式不是直來直往地去解決現實問題，而是要拐了一個彎兒，把重點放在解決情緒問題上。當內在的情緒困擾解決了，很多外在的行為問題也就消失了。

接下來的這部分內容，我將介紹父母如何從情緒、想法和行為三個層面幫助孩子克服憂鬱。我們先從情緒開始入手。

1 像接住蘋果一樣，接住孩子的情緒

如果孩子給你一個壞蘋果，你要怎麼處理呢？

我想到一個腦筋急轉彎：如何把大象關進冰箱裡？

第一步：打開冰箱。第二步：把大象塞進去。第三步：關上冰箱門。同理，如果孩子給你一個壞蘋果，你要怎麼辦？

我們可以依樣畫葫蘆：

第一步，接過蘋果。

第二步，觀察，看一看，聞一聞，這個蘋果怎麼了？哪裡壞了？是被蟲子咬了還是時間太長了？

第三步，處理這個蘋果。可以削削皮，可以切去一塊，或者乾脆扔掉換一個。

第四步，把處理好的蘋果給孩子。

這個題目有點小兒科，我想借此表達一個隱喻：幫助孩子處理情緒和處理壞蘋果是一模一樣的。

當孩子表現出負面情緒時，就是給你拋過來一個「壞蘋果」，如何幫助孩子處理這個「壞蘋果」呢？也可以分四步：

第一步，接住孩子的情緒。

第二步，觀察、傾聽、引導孩子梳理情緒。這是什麼情緒？它帶來什麼樣的感受？它是因什麼而起的？

第三步，共感孩子的情緒，就是幫助孩子處理和調整情緒。

第四步，引導孩子表達情緒，解決問題。

聽上去很簡單。你可以仔細回想一下，當孩子向你表達生氣、緊張、厭煩、難過、恐懼的時候，你是如何處理的？

事實上，我們很少像處理壞蘋果一樣處理孩子的負面情緒。

孩子：媽媽，我累了。

媽媽：你剛睡過午覺，不可能累。

孩子：（大聲）我就是累了！

媽媽：累什麼累，你就是不愛學習，別拖拖拉拉的，快去寫作業！

孩子：（哭鬧）不，我累了！

孩子：爸爸，我害怕。

爸爸：這有什麼好怕的？男子漢應該勇敢一點。

孩子：（往後縮，哭）不，我怕。

爸爸：（強拽）不許哭！真丟人，勇敢一點！

孩子：這個飯局真無聊。

媽媽：不會吧，這麼多人，很有意思啊。

孩子：一點也沒意思，我討厭這樣的聚會。

媽媽：不許這麼說話！太沒禮貌了！

大家看出問題來了嗎？

當孩子表達他煩、累、害怕、委屈、難過的時候，父母常常一開口就把孩子的感受擋回去了。我們很習慣去評價並且否定不好的東西，包括孩子的感受。

當我們否定孩子、教育孩子時，這些回應都是在告訴他：不要相信你自己的感受，你的感受不好，這種感受根本就不對，你不應該那樣，你應該聽我的，我的判斷才是對的……

想一想：如果你是這個孩子，會有什麼感覺？

如果孩子的感受被不斷否定，他會愈發困惑和憤怒。

這也就解釋了為什麼父母和孩子之間三五句話就能把天聊死了，大家要麼沉默，要麼爭吵。

孩子的壞情緒就是一個壞蘋果，我們要幫助孩子處理情緒，就要先把這個蘋果接過來。只有先把情緒接過來，我們才有機會去做後面的工作。

孩子：媽媽，我累了。

媽媽：哦‧‧‧‧‧（接過蘋果）剛睡過午覺，還是有點累是嗎？

孩子：爸爸，我害怕。

爸爸：嗯，（接過蘋果）我感覺到了。

孩子：這個飯局真無聊。

媽媽：哦，這樣啊‧‧‧‧（接過蘋果）是什麼讓你覺得無聊？

把蘋果接過來，把問題接過來，把情緒接過來，不管是什麼，道理都是一樣的。這是我們進行干預和處理的前提條件。

先接住孩子的情緒，讓孩子穩定下來，願意跟我們分享更多。只有這樣，我們才能看清楚蘋果到底壞在哪裡，才可能判斷出問題是什麼，如何進行有效處理。

「接住」不代表問題解決了，它只是第一步。接住孩子的負面情緒，讓孩子把情緒表達出來，我們看見了、聽見了、感受到了，孩子的情緒被我們包容了，他的內心就平靜了。然後呢，我們再像平常一樣給出建議和方法，此時孩子就容易接受了。

2 接住孩子情緒的技巧

(1) 看著孩子的眼睛，全神貫注傾聽

人們通常認為談話就是語言交流，其實，65%的交流是靠非語言行為完成的。姿勢、表情、動作、聲調、語速、重音、沉默等都是非語言交流。

很多父母會一邊看手機或者做家務，一邊聽孩子說話，當孩子表達：「爸爸／媽媽，你在聽嗎？」父母會答：「你說吧，我聽著呢。」可是，孩子會感覺到你並沒有重視他的話。

比語言技巧更關鍵的是我們的態度。全神貫注地傾聽會讓孩子感覺被接納。拉著他的手，看著他的眼睛，關注他的情緒，此時我們的體態和表情比語言更重要。

(2) 用簡單的詞回應孩子，引導孩子多說

不要著急提問、評價、建議，以關心的態度，使用「哦」、

「嗯」、「是的」、「這樣啊」、「我懂了」這樣簡單的話來回應孩子。

先接住孩子的情緒，以簡單的詞語回應孩子，引導孩子多說，父母少說或者不說。透過敘述，孩子可以表達出自己的感受，也可以整理想法和思路。

(3) 可以猜測並說出孩子的感受

當你聽懂了孩子在表達什麼樣的情緒，可以用簡單的話說出他們的感受。比如，孩子講述了和好朋友的爭執，指責對方時，你可以說：「哦，他那樣做你有點難過是嗎？」

當孩子有負面情緒的時候，很多父母不會這樣做，因為他們擔心說出孩子難過會讓孩子更難過。

恰恰相反，聽到對方能夠準確說出自己的感受，對孩子來說，他的內心會被安撫，感覺有人能夠理解自己。這樣處理還可以幫助孩子從情緒中釋放出來，積極面對問題。

3 不認可孩子的表現，怎麼接納孩子

父母有時候會感到很困惑：「如果我接納孩子的所有感受，是不是意味著他做任何事情都是對的？這樣做會不會鼓勵和認可孩子的不當言行呢？」

接納並不代表認可。我們接住的是孩子的情緒，任何感受都可以被接納被討論，但這並不意味著父母認可孩子的行為。

共感，我們「共」的是「感」，不是「事」。感受沒有對錯，所有的感受都是可以被接納的，但是行為有對錯，某些行為必須受到限制。

如果孩子發脾氣，我們要接納的是孩子的感受，感覺不公平、委屈和生氣都是正常的，都是可以被接納的，但這並不代表可以大吼大叫。

再比如，有些孩子對學習很焦慮，在學習上有挫敗感，認為自己學習很差，不想面對困難，不想去上學。

我們接納孩子，不是認可他逃避困難、不去上學這種行為，而是接住他的感受。壓力面前孩子有困難，有挫敗感，非常無力。這是孩子的感受。孩子有這樣的感受是合理的，但這並不意味著，為了應付這種負面的感受，採用的逃避方式是好的。

一位媽媽告訴我，孩子憂鬱以後經常發脾氣，在家裡摔摔

打打。父母內心愧疚，對孩子一味遷就，不敢表達任何不滿。可是孩子並沒有因此有所顧及，反而認為一切都是父母的錯，在家裡想發火就發火。

接納孩子的感受，並不代表著縱容孩子不合理的言行。當孩子的所作所為讓你難以接受的時候，應該讓孩子知道你的感受。

「孩子，你剛才那樣做讓我很難過。如果你認為我們做得不好，可以心平氣和地坐下來談談，我們願意做出調整。但是摔東西、打人、罵人是不被允許的。」

很多時候，孩子並不需要我們認同他們的表現，而是需要我們回應和理解他們的感受。

那麼，下面這種做法是否合適呢？

孩子：小張非要跟我玩，我不想理她，她真討厭。

父母：你說得對，可以不跟她玩，她是夠討厭的。

話題就此打住了。類似「你做得對」這樣的回應方式，也許能讓孩子得到暫時的滿足，但卻妨礙了孩子對自己的反省。如果我們只是接住孩子的感受，而不去做評價，就能夠引導孩子自己去思考和解決問題。

孩子：小張非要跟我玩，我不想理她，她真討厭。

父母：嗯，看上去你有點生氣。

孩子：是啊，她想幹什麼就幹什麼，我想做什麼她總是拒絕，一點也沒意思。

父母：（傾聽）哦，是這樣啊。

孩子：不過和她玩還挺開心的，就是有時候會不高興……
也許我應該把這些告訴她。

其實，所有年齡層的人在情緒低落的時候，都不在乎別人是否同意他的做法，需要的只是有人願意傾聽他的想法，並且理解自己正在經歷的事情。

先接住孩子的情緒，當孩子的感受被接納和理解了，他才能夠不被負面情緒卡住。感受通暢了，孩子才能夠遵守我們為他們設立的界限。這並不是鼓勵孩子的不當言行，恰恰是幫助孩子做出反思和調整的第一步。

4 耐心傾聽，不評價，不給建議

當孩子流露出負面感受時，很多父母會立刻給孩子建議。儘管很多建議看上去能夠幫助孩子解決問題，但還是不要急於給出建議。

切記，我們要做孩子的情緒情感工作。接過孩子的感受就是和孩子做情感聯結。聯結順暢了，我們才能展開情感工作。如果此時給出建議，工作還沒有正式開始，就已經結束了。

孩子：媽媽，我累了。

媽媽：那就躺下休息一下。

孩子：我有點煩。

媽媽：別想了，可以吃點東西。

孩子：算了，我不餓。

媽媽：那就別吃。

當一個人陷入負面的情緒和感受中時，如果我們不去理解他的感受，只是很理性地給出建議，這個人會感覺很不舒服，並因此憤怒和牴觸。

為了加深體會，我們一起來做一個小練習：

有一天，老闆給你安排了很多工作，並且要求當天完成。你忙了一整天，水都沒來得及喝，可是還是沒完成。你想解釋一下，老闆向你大吼：「不要找理由！我花錢雇你不是讓你整天無所事事！」你氣呼呼地回到家，老公正在看電視。

接下來，你老公試著「幫助」你，他用了五種方式。請你仔細體會一下這些方式，把自己本能的感覺和反應寫下來。

（1）否定感受：「你沒有把工作做完，老闆那麼說很正常。現在都下班了，沒必要生氣，不要把壞情緒帶回家。」

你的感受：＿＿＿＿＿＿＿＿＿＿＿＿＿＿＿＿＿＿＿＿＿＿。

（2）講大道理：「人生就是這樣的，不如意事常八九。人在屋簷下，要學會看開些，世界上沒有十全十美的事。」

你的感受：＿＿＿＿＿＿＿＿＿＿＿＿＿＿＿＿＿＿＿＿＿＿。

（3）指出問題：「這不能怪別人，你要多想想自己的問題。

你工作速度太慢了，很多基本技能掌握得不好。」

　　你的感受：_____。

　　（4）給出建議：「你不能做得快一點嗎？你得學會提高工作效率，別浪費時間，多向主管請教。」

　　你的感受：_____。

　　（5）提問：「老闆都給你安排了些什麼事？別人的事和你一樣嗎？別人也做不完嗎？以前發生過這樣的事嗎？你為什麼不跟他解釋一下呢？」

　　你的感受：_____。

　　有沒有發現，當我們在難過、委屈或者受傷害的時候，最不想聽到的就是他人否定我們的感受，講大道理，指出問題，還有給出所謂的建議，這些只會讓我們感覺更差。這時候我們通常的反應就是：

　　「算了算了，你別說了，我不想再和你說話。」

　　講大道理就是事不關己，盡說風涼話。

　　給出建議就是不斷提要求，給一個快要崩潰的人加壓。

　　否定感受和指責，就是無視情感感受，在傷口上撒鹽。

　　如果這個時候有人願意傾聽，理解你的委屈，讓你表達出受傷和憤怒的感受，你會不會感覺好一些？當你疏解了負面情緒，能夠慢慢平靜下來，就會反思：「是不是我太慢了，哪些工作不太懂……老闆平時還不錯，是不是壓力很大……我明天早點到公司……要不我單獨找老闆談一談？「這個過

程對孩子也同樣適用。如果我們能傾聽孩子，接住孩子的負面感受，去理解他、包容他，同樣有助於孩子自己解決問題。

一個爸爸講述了一段經歷。一天，兒子回到家很氣憤：「哼，我再也不理小王了！」以前他們的對話會是這樣：

兒子：我再也不理小王了！

爸爸：為什麼？怎麼了？

兒子：他把我的筆扔進垃圾桶了。

爸爸：他是不是沒看見呀？

兒子：他就是故意的！

爸爸：那肯定是你先招惹他了？

兒子：沒有！

爸爸：真的沒有嗎？

兒子：我發誓，我沒有招惹他。

爸爸：那就好。你和小王是好朋友，別在乎這點小事。再說，你自己也有毛病，有時候你也會扔弟弟的東西，別總責怪別人。

兒子：我沒有！算了，不和你說了。

值得慶倖的是，這位爸爸明白了先要接住孩子的感受，現在他們的對話是這樣的：

兒子：我再也不理小王了！

爸爸：哦，你生氣了？

兒子：我真想揍他一頓！

爸爸：你這麼生氣啊。

兒子：你知道他做了什麼嗎？他把我的筆扔進垃圾桶了。

爸爸：哦！

兒子：他懷疑那個漫畫是我畫的。那不是我畫的，是小張畫的，他把小王畫成了一頭豬。

爸爸：哦，是小張畫的，不是你畫的。

兒子：大家都嘲笑他，小王哭了，他可能因為胖有點自卑吧。

爸爸：嗯。

兒子：好朋友不能看笑話，我應該向他解釋清楚。

這位爸爸驚訝地發現，他只是傾聽，沒有提任何問題，孩子竟然把事情的原委都告訴了他。他也沒有給孩子任何建議，孩子自己就找到了解決辦法。只是傾聽孩子說話，簡短地回應他的感受，對孩子的幫助就這麼大！

很多時候，孩子並不是卡在不知道如何解決問題上，而是卡在自己的情緒上。

耐心傾聽孩子，用簡單的回應引導孩子講出真實感受，先做情緒聯結，不要著急給建議。這個時候，跟孩子做情緒聯結，共感孩子的感受，就是在幫助孩子解決問題。當孩子情緒順暢了，他們會自然而然地找到解決辦法。

5 你的「情緒罐子」有多大

接住孩子的情緒，說起來很簡單，真正做到卻不容易，特別是當孩子憂鬱的時候。

憂鬱的感受讓人很難消受，很容易「傳染」，父母需要有足夠的耐受力，才能接得住孩子拋過來的「滾燙山芋」。如果父母無法承擔和耐受負面情緒，也就無法做到接住孩子的感受。

我們拿什麼來接住孩子的感受呢？

我把這個「容器」稱作「情緒罐子」。

是的，就像接住蘋果需要一個籃子，放蛋糕需要一個盒子一樣，我們需要有一個容器才能接住並容納孩子的情緒。

這是一個看不見摸不著的容器。這個容器不僅要承納父母自己的情緒，當孩子需要幫助的時候，父母還要用它幫助孩子容納一部分情緒。

現在請想像一下，你的情緒罐子是什麼樣的？它有多大？它能承接多少東西？它是細膩的還是粗糙的？它是堅固的還是脆弱的？

有三種比較常見的「情緒罐子」：

第一種，汽油桶。

孩子：馬上要考試了，我壓力好大呀。

父母：你那點壓力算什麼，我現在壓力才大呢！公司月月都考核，任務沒完成還要扣薪水，時刻都得看老闆臉色⋯⋯下了班也累得像條狗，一家子老的小的都得我照顧！

　　孩子本來是想向父母尋求安慰的，結果父母根本不理會他的感受，滔滔不絕地表達自己的憤怒、焦慮和委屈。

　　有些父母會這樣說：「光說壓力大，也沒看見你著急啊？學習是你自己的事，你就不能用功一點兒嗎？看看人家小王，再看看你，上次成績也那麼差，以後可怎麼辦啊！」

　　這樣的對話，孩子的感覺不是輕鬆，而是愈加煩躁和惱火：「別說了，煩死了。本來心情就不好，聽你說完更煩了。」

　　這些父母內心好像有個「汽油桶」，已經裝滿了負面情緒，一點也沒有多餘的空間了。孩子只要扔過來一根火柴，父母的汽油桶就會爆炸。

　　第二種，反光板。

孩子：馬上要考試了，我壓力好大啊。

父母：別跟我抱怨，這個社會誰的壓力不大啊？我忙著呢，
自己的事情自己解決。

　　這樣回應的父母就像反光板一樣，把孩子扔過來的情緒原封不動地擋了回去，孩子沒有得到任何理解和安慰。

　　這樣的父母沒有承接和容納情緒的概念，他們通常很理性，習慣就事論事，「你想怎麼辦，直接告訴我，不要跟我說一些有的沒的，什麼感受啊想法啊，這些都沒用」。

　　對於自己的負面情緒，這些父母要麼用理智去迴避，要麼表現得根本不在意。對於孩子的負面情緒，他們也習慣不管、不聽、不看、不面對。

　　第三種，某種罐子。

　　做父母培訓的時候，我經常邀請大家來畫一畫自己的「情緒罐子」。我發現，大家畫的都不一樣：有的是一隻小茶杯，有的是一隻大大碗公，有的是一隻盛了水的水缸，有的是插

著小花的花瓶。

各式各樣的罐子，讓人異想天開。這些容器可以承接多少情緒？面對孩子扔過來的難過和憤怒，它們能夠穩穩地接住嗎？

「宰相肚裡能撐船」，如果內心的容器足夠大足夠堅固，就能接得住人世間的各種難過、憤怒和恐懼，也就能夠承擔起大事，擔得了重任。

「能撐船」這樣的要求太高了，普通人很難做到。不過，這種追求還是要有的。做父母需要不斷學習和成長，要學著修整自己的情緒罐子，讓它大一點、空一點、堅固一點、穩定一點。

● 先接住孩子的情緒，才能在情緒上做引導。

● 接納孩子的情緒，不代表認可其行為表現。所有感受都應該被接納，但某些行為必須受到限制。

● 當孩子表達負面感受時，要耐心傾聽，不要評價，也不要立刻給建議。

互動練習 9

擴大「情緒罐子」

接納孩子的情緒，父母需要一個容器。你的情緒罐子是什麼樣的？它有多大？它能承接多少情緒？它是細膩的還是粗糙的？是堅固的還是脆弱的？是穩定的還是變化的？

1・畫一畫你的情緒罐子。

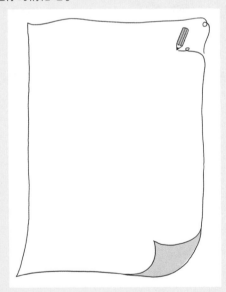

2・想一想怎樣擴大和修練自己的情緒罐子，讓它大一點、空一點，堅固一點、穩定一點。

第 **11** 章

梳理情緒：引導孩子確認自己的感受

1 怎樣幫助孩子梳理「情緒球」

當我們接住了孩子的情緒，下一步就要對情緒展開引導工作了。

就像觀察一個壞蘋果一樣，我們得先好好觀察一下這個情緒：這是一種什麼情緒？它持續了多長時間，強度如何？

聽上去這一步很容易，我們可以直接問孩子：「你有什麼情緒呀？跟我說一說吧。」

然而在實際互動中你會發現，孩子往往很難說清楚，他可能一直在抱怨老師作業太多，或者反反覆覆糾結要不要和同學聚會，或者乾脆告訴你：「好累，好煩，我也不知道，就是不想，做不下去……」可能孩子說了很多，你仍然不知道他的情緒到底是什麼。

確認情緒就像射擊，我們得試圖擊中靶心。當孩子說「我很難受」時，我們得搞清楚這種難受是一種什麼樣的感受。

是委屈還是壓抑？是緊張還是害怕？是自卑還是嫉妒？

　　難受是一種很籠統的概念，困了累了會難受，被批評會難受，丟了東西也會難受，但這些難受完全不同。所有負面情緒都會讓人難受，我們得靠近情緒的靶心，探明孩子說的「這個難受」到底指的是什麼。

　　確認情緒就像射擊，我們得試圖擊中靶心。當孩子說「我很難受」時，我們得搞清楚這種難受是一種什麼樣的感受。是委屈還是壓抑？是緊張還是害怕？是自卑還是嫉妒？

　　難受是一種很籠統的概念，困了累了會難受，被批評會難受，丟了東西也會難受，但這些難受完全不同。所有負面情緒都會讓人難受，我們得靠近情緒的靶心，探明孩子說的「這個難受」到底指的是什麼。

　　小李同學是一個讀高三的女生，被醫院診斷為焦慮、憂鬱。她經常掛在嘴邊的就是兩個字－「很煩」：數學很煩、考試很煩、睡不著很煩、媽媽很煩、朋友很煩、一個人也很煩……小李表達情緒的詞語非常單一，要麼「高興」，要麼「很

煩」，一切不高興的事情都「很煩」。

媽媽一聽見小李說「很煩」，焦慮值就會上升：「孩子憂鬱是不是更嚴重了？這可怎麼辦呢？」

其實，小李說的「很煩」不一定是憂鬱。

諮商師：最近在學校過得怎麼樣？

小李：很煩啊。

諮商師：嗯，很煩是一種什麼感覺？

小李：上學期數學是班裡前幾名，這學期一開始，我也不知道怎麼搞的，考得很不好。現在一到要考試，我就很煩。

諮商師：嗯，聽上去好像是緊張，是擔心考試嗎？

小李：是啊，一到考試我就難受，喘不上氣來，壓著什麼東西似的（她摸了摸心口）。

諮詢師：你感覺有壓力，有點緊張、擔憂、焦慮，還有一些害怕，你說的很煩指的是這種感覺嗎？

……

諮商師：上週你說和媽媽吵架後很煩，這種煩和那種煩一樣嗎？

小李：不一樣。

諮商師：感覺有什麼不同？

小李：這個煩就是擔心考試考不好，有壓力，就是你說的焦慮、緊張。和媽媽吵架後是很難受，她一直不回應我，我

就很煩。

諮商師：嗯，你希望她回應你、理解你，她的沉默讓你生氣嗎？

小李：嗯，好像是。

諮商師：如果媽媽能夠理解你、回應你，你會感覺怎樣？

小李：會感覺好一些，說明她在意我啊。

諮商師：和媽媽吵架後你有點生氣，也有些難過，你覺得媽
媽不在意你，不愛你，是嗎？

小李：是的。

經過仔細討論，小李發現他的「很煩」包含了很多種負
面感受，這些感受各不相同：

考試前「很煩」是焦慮、緊張；和媽媽吵架後「很煩」
是難過、害怕；數學讓他「很煩」是受挫、自卑；一個人的
時候「很煩」是無聊、無趣；早上不想起床「很煩」是頭暈、
沒睡醒；和朋友在一起「很煩」有時候是委屈、有時候是生氣、
有時候是自卑……

「很煩」就像一團亂麻，而這樣的梳理能夠幫助小李把亂
麻梳理開，重新纏繞成一個個明晰的情緒球。

憂鬱是一種複雜的感受，往往有很多負面情緒交織在一
起。這些情緒裡可能有焦慮、緊張、擔憂，可能有憤怒、嫉
妒、羨慕，也可能有委屈、難過、悲傷，還可能有內疚、自責、
害怕。這些情緒相互糾纏、發酵，就像是一團糨糊，黏糊糊
的，說不清道不明。所以，很多人把憂鬱形容成「沼澤」、「荒
漠」、「烏雲」、「一片灰色」。

情緒越複雜，孩子越難以準確表達。很多孩子會說「很煩」、「不舒服」、「很難受」、「不知道怎麼了」。

這時候，我們要幫助孩子把內心的感受梳理一下，分門別類，看一看這堆烏雲是什麼，那堆又是什麼。只有看清楚內心的感受，才能有的放矢，去調整和處理它。

2 孩子說不出自己的感受怎麼辦

幾天前，有位媽媽向我訴說她的苦惱：有一天晚上，7 歲的兒子不停地哭鬧，誰勸也不行。兒子一個勁兒地大喊：「阿姨不要我了！阿姨不要我了！」

她安慰兒子：「阿姨沒有不要你，阿姨不是在這裡嗎？」阿姨也上去道歉：「我沒有不要你，就是不想你爬那麼高，會摔倒的。」

兒子根本不聽，還是繼續哭鬧，大喊：「阿姨不要我了！阿姨不要我了！」一家人都非常疲憊，無可奈何。

這位媽媽很困惑：「我已經很努力在回應孩子了，可是根本沒有用，他一直哭，好像聽不見我說的話，這種情況該怎麼辦呢？」詳細瞭解之下，才知道這個孩子的經歷：

爸爸工作忙，媽媽要上班，孩子出生後主要由保姆照顧。7 年裡保姆換了十幾個，最長的一年半，最短的一兩天。每個

阿姨的年齡、性格和習慣都不一樣，有幾個阿姨經常會對孩子說：「要聽話哦，要不然不要你了。」除此之外，爸爸媽媽也很急躁，生氣時經常對兒子說：「你好煩人，不要你了。」

那天下午，頑皮的孩子爬上一座高坡，一不小心，從高坡上滾下來了，哇哇大哭。

阿姨跑過來，又著急又生氣，對著孩子就是一陣數落：「讓你別爬你非得爬！一點也不聽話！不要你了！」

下面是諮商師和孩子媽媽的對話：

諮商師：你覺得孩子在表達什麼感受呢？

媽媽：不知道啊，他害怕阿姨不要他？

諮商師：你覺不覺得他是在說「媽媽，我很害怕」？

媽媽一愣。

諮商師：讓我們想像一下，如果你現在變成了一個7歲的孩子，你不小心從高坡上摔了下來，那一刻，你會是什麼感受？

媽媽：肯定很疼，也很害怕，嚇了一跳。

諮詢師：嗯，你很疼很害怕。這時阿姨過來了，她沒有關心你摔傷了沒有，也沒有安撫你，一開口就是指責，不僅指責，還嚇唬你不要你了。你會是什麼感覺呢？

媽媽（眼圈紅了）：那，我該怎麼回應他呢？

諮商師：如果你是那個孩子，你希望媽媽怎麼回應你呢？

媽媽（哽咽了）：我希望媽媽把我拉到身邊，抱抱我，關心我，

不要指責我……

是啊，把兒子拉到懷裡，仔細看看他哪裡摔疼了，問問他腿還疼嗎？胳膊有沒有摔壞？當時有沒有害怕，會嚇一跳吧？阿姨那樣說讓你很難過吧……

不同的角度和位置決定了一個人的感受和想法。如果你無法理解孩子，可以把自己想像成孩子，感受他所處的環境和壓力，經歷他所經歷的事。

父母曾經也是孩子，也都經歷過學業壓力和社交困惑。想像一下你的童年和青少年時期，是否也有過和孩子一樣的感受和糾結呢？

3 如何引導孩子說出內心的感受

一位媽媽告訴我，「女兒和我關係很好，她很願意和我聊，可是我聽了半天，也搞不清楚她是怎麼回事。」

下面是她們的對話。

媽媽：你心情不好是嗎？

女兒：嗯。

媽媽：是學業壓力大嗎？不要對自己要求太高了。

女兒沉默了。

媽媽：我們去找心理諮商師聊聊好嗎？

女兒：不想去。

媽媽：為什麼呢？

女兒：就是不想去。

媽媽：你覺得心理諮商沒有用嗎？

女兒：嗯。

媽媽：那你約同學出去逛逛好嗎？

女兒：不去。

媽媽：你覺得很憂鬱是嗎？不想跟人交往？

女兒：對。

媽媽：你這麼難受為什麼不去做心理諮商呢？

女兒又沉默了。

媽媽：你怕花錢是嗎？花不了多少錢的。

女兒：沒有人能夠真正理解我。

媽媽：所以你應該找個專業的人聊聊啊。

女兒再次沉默了。

問題出在哪裡？

在這段對話中，媽媽很努力地想要瞭解女兒的感受和想法，她一直在問，女兒只是「嗯嗯啊啊」，回答得很簡短，訊息量太少了。

提問有兩種方法。一種是封閉式的提問，比如「你心情不好是嗎？」這種提問很受局限，對方只需要回答「是」或者「不是」，我們獲得的訊息量很少。

封閉式的提問本身是有引導性的。媽媽的提問裡隱藏著自己的看法，比如：你心情不好是因為學業壓力大嗎？你不想諮商是因為怕花錢嗎？

還有一種是開放式的提問，比如「你今天心情怎麼樣？」

這種提問對方不能只用「是」或「不是」來回答，他可能說心情不好、很生氣、很累；也可能說感覺還可以，和昨天一樣；也可能說還不錯吧，有一件開心的事。

所以你看，開放式的提問裡沒有暗示和引導，我們可以獲得更多的資訊，這種提問才能反映出孩子真實的感受和狀態。

我把上面的對話改成開放式的提問，請你來體會一下有哪些不同。

封閉式提問：你心情不好是嗎？

開放式提問：你今天心情怎麼樣？

封閉式提問：是因為學業壓力大嗎？

開放式提問：你覺得情緒變化可能跟什麼有關？

封閉式提問：你覺得心理諮商沒有用是嗎？

開放式提問：你怎麼看待心理諮商呢？

封閉式提問：你不想跟人交往是嗎？

開放式提問：你可以和誰一起去玩玩呢？

我們想要瞭解孩子，就一定要給孩子機會，讓孩子多說。用開放式提問，提問儘量簡短，不夾帶任何評價，給孩子提供一個自由表達的空間，讓他們多說，大膽說，把自己的真實想法說出來，這樣我們才能走進他們的內心世界。

4 層層深入，幫助孩子看見內心的衝突

梳理內在的困擾，就像剝洋蔥，一層一層，層層深入。

我有一個大一女生的患者，她因為「心情低落，開心不起來，影響學習狀態」來諮商，她告訴我，「不知道為什麼心情就是不好」。

我們一起討論近期發生的事件，她說：「沒有發生什麼特別的事情，一切都和以前一樣。」

交談中，我感覺這個女孩嘴上說的和她的感受和行為有點不一致，這也是青春期孩子們常有的特點。嘴上說不在乎，無所謂，一切都挺好，卻又感覺心情低落，想哭，似乎內心有某種衝突和矛盾。

我問：「當你不開心的時候，你會想些什麼？」

她想了想，搖了搖頭。

停頓了許久，她忽然告訴我：前一段時間一個男生說喜

歡她，有事沒事總來找她說話，後來男生表白了，她不想談戀愛，於是拒絕了對方，再後來那個男生就不主動了，還和別的女生嘻嘻哈哈。

我問：「妳對他什麼感覺？」

她說：「我的情緒跟這件事沒有關係。他不是我的菜，除了帥沒什麼優點，我更喜歡有內涵的男生，我一點兒也不在意他。」

她說：「我現在不會談戀愛，沒什麼意思，太麻煩了。」

她還說：「我想當個女強人，將來賺很多錢……」

從她的言語中，似乎她有自己的目標，對談戀愛不感興趣，對那個男生也沒興趣。但另一方面，她經常提及那個男生，有意無意地揶揄他。有一次她還想去找個算命先生，算一算那個男生是否真的喜歡她……從這一系列的表現來看，她並不像自己說的那麼無所謂。

我把這些回饋給她。她瞪大眼睛，吃驚地看著我：「不可能！你的意思是，我喜歡他？」

我說：「妳喜不喜歡他我不知道，只是看到妳的言語和行為有衝突，這可能是妳內心矛盾的一種表現吧。也許我們每一個人，都需要花一點兒時間去瞭解真正的自己，去理解自己的感受。」

隨後，我們一起討論了她內心的感受和想法。她覺得自己有三個「情緒球」：

一個是衝突，內心感覺很矛盾。她並不覺得那個男生特

別優秀，也不覺得自己很喜歡他，但同時，她又很享受這個男生來獻殷勤。她搞不清楚自己到底是怎麼回事。

一個是失落。拒絕那個男生以後，男生就不主動了，她感覺好像有某些東西喪失了。「其實也沒損失什麼。」她說。

還有一個是難過。她認為男生這樣朝三暮四，根本就不是真的喜歡她。而這個世界上，可能就沒有人真正關心她。這些讓她非常難過。

當我和這個女生漸漸沉下來，她內心深處的感受和渴望才慢慢浮出水面。

她告訴我，跟那個男生在一起，她感覺自己像個公主。從來沒有人對她如此關注。

她的爸爸是一個工程師，一心在工作上，經常出差不在家。媽媽要求完美，很強勢，也很嚴厲，經常指責她。爺爺奶奶呢，重男輕女，更喜歡弟弟。所以，她從小就覺得自己不討人喜歡，沒有什麼優點，直到這個男生來追求她。

她覺得自己一直都是被打壓的，現在忽然被抬高了，這種感覺太好了。她無比迷戀這種被關注被呵護的感覺。

她確實不喜歡那個男生。男生不自律，愛玩遊戲，邋邋遢遢，這些她都不喜歡。所以，當男生表白的時候，她本能地拒絕了。

隨著男生被拒絕，那些關注和呵護也消失了。就像「一個從來沒有被太陽照耀的人，偶然接觸了陽光，卻又立刻被送回了黑暗」，她感覺內心很失落很難過。

「嗯，就像妳說的，妳確實不是因為戀愛而難過，」我說：「那個男生就像一個導火線，點燃了妳壓抑已久的渴望。」

　　她抬起頭，就像我穿越了她的經歷一樣看著我。

　　那一刻，陽光透過窗戶照在她的身上，空氣裡明亮溫暖。她一邊擦眼淚，一邊告訴我：「這太奇妙了，諮商室裡有魔力。」

　　魔力？我想這可能是看見並理解的力量……

┤ 本章小結 ├

- 憂鬱常常是一堆複雜的情緒，父母要幫助孩子把這些相互交織的情緒分門別類，梳理成「情緒球」。
- 把自己想像成孩子，運用開放式提問，可以更好地瞭解孩子的感受。
- 孩子內心的感受可能和嘴上說的不一致，要像剝洋蔥一樣，層層深入。

梳理「情緒球」

1．孩子今天的感受如何？和孩子一起討論一下他的感受和情緒，並用合適的詞語給這些情緒命名，比如憤怒、害怕、緊張、焦慮、委屈等。

2．在下圖中把這些情緒標記出來。

第 12 章

共感情緒：幫助孩子理解自己的感受

1 情感的改變是如何發生的

先分享一個小故事：

太陽和風打賭，看誰能夠讓一個人脫下外套。風先上，他呼呼地吹起來，捲起落葉和石塊。而這個人呢，不僅沒有脫外套，反而把衣服裹得更緊了。

風灰溜溜地敗下陣來，輪到太陽了。太陽不疾不徐，他照耀著大地，溫度越來越高。那個人呢，很快就熱得脫了外套。

有人說，世界上最難的事就是改變另一個人。其實也沒那麼難，只要有正確的方法是可以做到的。

如果像風一樣，希望透過施加壓力和威脅改變孩子，恐怕不會有好效果。你的風力越大，孩子就會越防禦。

強壓有兩種後果：一種是表面妥協，心裡委屈憤怒，心不甘情不願；另一種是奮力抵抗，寧願兩敗俱傷也不低頭。

如果能像太陽一樣，不施壓、不強迫，不急不躁地影響他人，用不了多久，對方的態度就會改變。

這種改變不是你強迫他改的，而是他自己想要改。他不會認為是你改變了他，他覺得這是自己的選擇。而事實上，你已經不動聲色地改變了他。

孩子的情緒引導，我們也得這樣做，關鍵之處就在於共感。共感就像太陽照耀對方一樣，溫柔又堅定，持續傳達著影響力。看上去太陽只是在發光，好像什麼也沒做，卻已經悄然無聲地改變了一切。

做情緒引導，共感是核心，也是重點。

什麼是共感呢？

共感就是理解他人特有的經歷並相應地給出回應的能力。

共感就是能夠在深層次上去理解一個人，去感覺對方的感覺，明白他的想法、動機、判斷和渴望。

很多父母會把同感理解成同情。它們有相似之處，但不是一回事。

共情是「我」對「你」產生的感受。在心理上，我是高的，你是低的，我和你是不平等的。

共感是「我」感受著「你」的感受。心理上，我和你是在一個高度，是平等的。

共感是人與人之間相互聯繫的連結作用，我懂你，你懂他，我們親如一家。如果沒有同感，我是我，你是你，我不懂你，你也不懂我。就算我們碰巧撞上，也會相互彈開，沒

有情感的聯繫。

在給孩子們做諮商的時候，他們經常告訴我：「道理我都懂，我也想做好，只是需要別人片刻的理解和包容。」

每個人都渴望被同感。不管你年齡多大，是孩子還是成年人，都會渴望這份理解。

我特別喜歡《共感的力量》這本書裡對同感的描述：

「共感的實質就是，把你的生活擴展到別人的生活裡，把你的耳朵放到別人的靈魂裡，用心去聆聽那裡最急切的喃喃私語。」

2 共感能夠解決孩子的問題嗎

對於共感，很多父母有困惑：「聽上去，共感需要父母去理解孩子，跟孩子同頻共振，這跟孩子的情緒有什麼關係呢？」

這個問題特別好，簡單來說，太陽對萬物有什麼作用，共感就對孩子有什麼作用。

短期來看，父母的共感可以安撫孩子，讓孩子從負面情緒中迅速掙脫出來。孩子感覺被關注被理解，會因此越來越健康有力。

長期來看，父母的共感可以幫助孩子發展出共感能力。一個人的共感能力是情緒穩定健康的基石。孩子有了較強的共感能力，情緒調節的能力就會增強，而且能夠與他人建立比較深度的人際關係。

　　大腦有兩個區域是跟情緒感受相關的，一個是杏仁核，另一個是大腦皮層。

　　杏仁核是情緒腦，是快速產生憤怒、恐懼等情緒的部位。在面臨威脅的時候，它第一時間就會發出警報，刺激激素分泌，調動肌肉開始工作，讓血液流向心臟，進入「戰鬥或逃跑」的狀態，就好像一隻狂吠的小狗一樣。

　　大腦皮層是思考腦，它可以讓我們反思自己的感受，並且根據思考之後的回饋來調節自己的行為。比如向火熱的情緒傳遞冷靜的理由，讓自己冷靜下來，思考之後再做出選擇。

　　在情緒情感的產生和調整上，杏仁核和大腦皮層一起發揮作用。但是，杏仁核更本能、更迅速、也更頑固。很多人沒有辦法冷靜下來，就是他們的杏仁核一直處於活躍的狀態，大腦皮層無法發揮作用。孩子在焦慮、憂鬱、憤怒時，沒有

辦法冷靜思考做出理性的決定，也是這麼一個道理。杏仁核像小狗一樣不停歇地狂吠，冷靜的大腦皮層沒有辦法發揮作用。

神經生理學研究發現：共感的能力是直接連在大腦的神經迴路中的，尤其是連在杏仁核和大腦皮層之間。共感能力強，大腦皮層和杏仁核之間的神經迴路就強壯，我們的理性就能夠快速地安撫和抑制「瘋狂」的杏仁核。所以，同感能力強，情緒就會更平順穩定，情緒的調整能力就會強。

父母的共感可以幫助孩子安撫和抑制像小狗一樣狂吠的杏仁核，讓他的情緒趨於平穩，更好地發揮大腦皮層理性的作用。

有父母問：「光理解孩子能解決問題嗎？問題還在啊，不還是要解決問題嗎？」

這裡我們要澄清一下什麼是問題，孩子不想上學、成績下降、社交困難、脾氣大……這些都是問題。那焦慮、憂鬱、緊張、恐懼呢？它們也是問題。

情緒是內在的問題，行為是外化出來的問題，它們並不是不相干的兩個問題，而是一個問題的不同面向。

我們既要看見問題表現出來的一面，也要看到它隱藏起來的那一面。

共感有療癒力量，它是解決孩子內在情緒困擾的方法。

至於外在的行為問題，當然也是要解決的。但外在的問題和內在的問題是有先後的。裡面的膿包不消除，外面的傷疤永遠也不會好。我們得先解決內在困擾，再解決外在問題。

所以，共感能夠解決情緒問題嗎？

能。

共感能夠解決孩子的所有問題嗎？

不能。問題很多，方法也得多。共感只是重要方法之一，還需要其他操作一起發揮作用。

3 為什麼有些孩子那麼「冷酷」

小同媽媽講述了一段自己的經歷：

「跟老公吵架後，我一個人坐在沙發上生氣。老大在寫作業，只有3歲的老二小同跑過來，她拍拍我的後背，喃喃地說，『媽媽，你生氣了，別難過，你想要玩我的小熊嗎？』」

小同媽媽很感動，憤怒一下子消失了，感到自己被溫暖包圍著。

3歲的女兒感受到了媽媽的情緒，並試圖用自己的方式安撫媽

媽。這個過程就是共感。

和孩子互動時，很多父母非常惱火受挫，孩子只想著自己，無法體會和理解他人，「不懂事」、「不近人情」、「很冷漠」，一些行為讓父母感覺「很心寒」、「這麼多年的付

出都白費了」。這些表現都說明孩子缺乏共感能力。

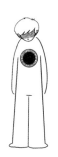

　　共感能力是如何發展起來的呢？

　　心理學研究發現：共感是透過親子相互交流發展而來的，而且從嬰兒期就已經開始發展了。

　　當嬰幼兒感到自己被父母認真傾聽或者注視的時候，他們就會體驗到愉悅感，並會將這種注視和感受他人的方式內化到自己身上，然後付諸實踐。

　　也就是說，孩子是從接受父母的共感中體驗到共感、學到共感的，然後才能去共感他人。如果父母沒有共感能力，孩子根本體會不到共感，也就無法理解和共感他人。

　　在孩子成長過程中，如果父母能夠溫柔地呵護孩子，在情感上與孩子同頻互動，共感的神經迴路就會被加強，孩子才能夠發展出更高的情商，情緒也會更穩定。

　　相反，如果父母經常忽視孩子的感受，或者用憤怒、暴力對待孩子，就會讓孩子共感的神經迴路發生短路。時間長了，孩子的共情能力就會低，情緒更容易失控，並產生各式各樣

的情感困擾。

如果孩子哭的時候能得到安撫，笑的時候能聽到他人的笑聲，他們就會相信外界會用安撫的方式來回應自己的情緒。但如果他們的眼淚總是沒有人關心，恐懼總是被忽略，那他們就以為這個世界是沒有回應的，父母不在乎自己。總是被忽略，孩子的情感就會逐漸收窄，恐懼會成為情緒中的主導。

童年階段是孩子情緒情感發展的關鍵時期。如果錯過了這個階段真的非常可惜。但好在大腦的發育將會持續一生，神經迴路一輩子都在變化。如果孩子共感能力弱，父母從現在開始補課還不晚。

4 你真的理解孩子嗎

「我理解你，誰都有心情不好的時候，但是，你都上初中／高中了，應該安排好自己的時間，應該自律一些，應該克服困難，應該養成好的學習習慣，應該把跟學習無關的事放在一邊，應該……」

這段話你熟悉嗎？

很多父母都覺得自己很理解孩子，知道孩子壓力大，學習累，有人際困擾，心情不好，但是……

我要特別強調一下這個「但是」，因為之前的話都是鋪

墊，「但是」後面的話才是心聲。

你真的理解孩子嗎？

請別著急回答，慢慢想一下。

你知道孩子的真正困難是什麼嗎？「壓力大，有人際困擾」是泛泛而談，更具體一點呢？

什麼樣的壓力？為什麼對他是壓力？為什麼現在是壓力？孩子是受挫還是害怕指責？是焦慮還是自卑？為什麼會有這些感受？他以前怎麼應對壓力？嘗試過什麼方法？為什麼會有回避的習慣？這些行為在表達什麼？孩子在想什麼？為什麼會這麼想……

「知道」不叫「理解」，「知道」和「理解」是完全不同的兩個層次。

「知道」是理性的，淺層次的，是旁觀者的視角。

「理解」是感性的，深層次的，深入內心的，是把自己融化在孩子的生活裡，去體驗孩子的感受。

當你真正理解一個人時，你的感受和他在一起，言行也會變得心慈手軟。

父母真正理解一個被憂鬱困擾的孩子，理解他的壓力和無助，不太可能脫口而出「我理解你，但是你應該」這樣的話。這種回應說明父母並沒有和孩子站在一起，所謂的「理解」只停留在「知道」的層次，真正的用意是提要求。

小張媽媽生氣地告訴我：「孩子這樣，我真的無法理解，簡直不可理喻……」

是啊，很多孩子的言行都極具挑戰。我想問：「你想理解孩子嗎？」

小張媽媽條件反射式地回答：「我想啊」。「別著急，好好想一想，你，真的，想，理解他嗎？」

小張媽媽說：「我不想，這些錯誤根本不值得理解！」對嘛，很多時候，我們不想真正理解孩子。那我們想幹什麼呢？

「我」，小張媽媽遲疑了一下，語氣突然平緩了：「不想理解他，我只想改變他，讓他按照我的想法去做。」

我很欣賞這位媽媽的坦誠，類似的情況在父母中非常普遍。我們不關心孩子有什麼感受什麼想法，我們只希望他們按照我們的想法去做。

我們只想改變他們。

5 怎樣才能共感孩子

共感是理解他人特有的經歷並相應地做出回應的能力。它包含兩個方面：第一，理解他人；第二，用共感的方式做出回應。

孩子是透過父母的回應感受到自己被理解的，理解孩子和回應都很重要。父母在表達理解，但孩子認為父母不理解自己，可能是父母的理解還不夠，也可能是因為他們回應不當。

（1）放下期待和評價

理解的世界裡沒有對和錯。理解不是用對錯去判斷，而是用心去感知。

「跟你說過多少遍了，你應該這樣，為什麼就非得那樣？你就是懶惰，你就是矯情，你就是不上進，你就是自私，你就是脾氣差……」

每當聽到父母對孩子這樣說，我的心都在顫抖。我彷彿看到一棵大樹傾倒在共感之河中，阻擋了河水的不斷重複地流動。

當你評價孩子的時候，就是跟共感擦肩而過的時候。父母不是法官，不是來評判孩子對錯的，而是要理解孩子、愛孩子的。

說實話，真正理解一個人挺難的，特別是父母和孩子之間。因為幾乎是不可避免的，父母會對孩子寄予很多期待。期待和付出讓我們很難站在孩子的角度上想問題。

理解孩子，意味著我們要放下自己的期待，放下自己的評判和想法，放下我們認為的對和錯。

不是不期待，也不是沒有對錯，而是先放在一邊。就像我們放下手機，全神貫注去吃飯一樣。理解孩子時，我們得先把自己的期待和認知放下，全神貫注去關注孩子的感受和想法。

(2) 選擇相信孩子

一些父母很擔憂：「孩子這種表現，我能放心嗎？要是不嚴厲一點，他還不得上天啊……」每當聽到這些，我都會想到愛因斯坦的小板凳。

老師佈置作業，讓孩子們回家做一個小板凳。第二天，孩子們爭先恐後地展示自己的作品，愛因斯坦也拿出一個小板凳，簡陋粗糙，歪歪扭扭。

老師很不滿意，當著全班同學批評道：「太糟糕了，我想世界上不會再有比這更壞的板凳了。」全班同學哄堂大笑。

愛因斯坦紅著臉，怯怯地說：「老師，有，還有比這更壞的。」說完，他從書桌下拿出兩個之前做的小板凳。

結果不如意，不代表孩子不努力；分數不理想，不代表孩子不上進；拖延、遲到、精力不集中，不代表孩子懶惰厭學；發脾氣、吵吵鬧鬧，不代表孩子自私自利。

我更願意相信的是——

每個孩子內心深處都想做好，可是這並不意味著他們都能做到。

想，只是願望。做，要靠能力。

他們可能缺乏某些能力，使得自己被困住，被嚇住，被難住。他們可能害怕挫折，害怕失敗，難以忍受磨鍊，因此表現出一些不好的結果和行為，比如逃避、敷衍、拖延等。

這個世界上沒有植物不向陽，不管小草還是大樹，都有向陽的本性。你相信也好不相信也好，陽光和水就是植物天生想要的東西，這是由進化決定的。

一切有生命的植物、動物，天生都受進化力量的支配，人也一樣。沒有人天生沉淪，積極向上是每個孩子與生俱來的本性。

要像相信植物都向陽一樣，堅信孩子想要表現得好。結果不如意，只能說明這個孩子有困難，不代表他不想努力上進。

「我知道你很想做好，你有困難嗎？困難是什麼？你有什麼感受？你是怎麼想的？告訴我，我可以幫助你。」

(3) 放緩節奏，讓故事充分展開

孩子被老師批評或者和同學發生衝突，很多家長一聽開頭就著急了，立刻教育孩子：「老師說得對，你要尊重老師啊，你要團結同學啊，你不要太自私啊，要為別人著想……」

評價來得太快了，父母的情緒太強烈了。

太強烈的情緒和太快的評價都無法表達出共情。共感需要把節奏放緩，讓故事慢慢展開，讓孩子有機會把內心的感受表達出來。

心理學家發現，共感在過熱（或過冷）的環境裡是無法生存的。當父母情緒太猛烈時是沒有共感能力的。

　　當你的情緒濃度比較高的時候，沉住氣，慢一點，把節奏放緩下來。不要本能地反應，要先穩定住自己，讓自己有足夠的共感能力，然後再去回應孩子。

　　共感是兩顆心的共鳴，腦子太亂，嘴巴太快，心就跟不上了。不要一聽就評價、一說就反應，不要快速做決定，儘量把這個時間撐開，放慢一點，給自己多一點時間，慢一點，穩一點，讓心跟上來。多點時間來沉澱，稍稍回想一下會很有幫助。

　　放緩節奏，給自己一個調整情緒的機會，也是給孩子一個傾訴的機會，讓孩子有時間把故事充分展開。傾訴的過程本身就是一種情感疏導。

(4) 敢於說「我不知道，請你告訴我」

　　一個媽媽問：「如果我實在理解不了孩子怎麼辦呢？」

　　實在理解不了，最好的方法就是坦誠地告訴孩子：「你

說的這些都很重要，我聽到了。我的理解是⋯⋯有一些我還是不太理解，比如⋯⋯你能詳細說說嗎？」

這種態度就是一種同感的回應。回應本身就是在告訴孩子，你說的很重要，我愛你，我想多瞭解一些。

孩子跟父母相差了二三十歲，時代不同，環境不同，孩子的很多困惑對父母來說都是新鮮事，不知道不明白不理解很正常。如果不知道不理解可以直接說出來，這才是真實、坦誠、平等的互動。

很多父母喜歡權威，總是擺出一副「我什麼都知道，我什麼都對」的樣子。明明跟孩子接觸很少，一點也不瞭解孩子，卻習慣一開口就指點江山。

父母要有權威，但不是高高在上。真誠地告訴孩子「很多事我也不知道，我也需要學習」，這就是給孩子做示範，是一種對謙虛有度、不斷成長學習的言傳身教。

一個孩子告訴我：「憂鬱以後，爸爸經常找我聊天。很多時候我知道他沒有聽懂，但是他一直很認真地聽我說，還常常問一些問題。我爸是一個直男，以前他從來不會做這些，現在能這樣已經很不容易了。雖然他不能完全理解，但我還是很感動。我感覺到他很愛我。」

說實話，能 100% 做到共感非常困難，只要父母可以坦誠地面對孩子，孩子就會感覺到並且會有明顯改變。

● 父母的共感可以安撫孩子，讓孩子從負面情緒中掙脫出來，並發展出共感能力。

● 孩子共感能力強，情緒調節能力就更強，並能夠和他人建立深度的人際關係。

● 共感包含兩個方面：第一，理解他人；第二，用共感的方式做出回應。

互動練習 11

共感孩子的「小宇宙」

用共感的方式說明孩子理解自己內心的小宇宙。和孩子一起回顧並討論，在面對某些事件時，自己的感受、想法和行爲是如何相互影響的。

事件	感受（身體和心理感受到了什麼？）	想法（想到了什麼？）	行爲（說了什麼？做了什麼？）

第13章

處理情緒：給情緒一個合理的出口

1 怎樣進行情緒管理

我想講講「大禹治水」的故事，在我眼裡，這不僅是一個歷史傳奇故事，更是一個有關情緒管理的隱喻。

4000多年前，黃河流域常常洪水氾濫，給人民帶來無邊災難。當時的首領堯下決心消滅水患，委任鯀去治水。

鯀主要採用堵截的方法，水來土掩，加固高堤。堤岸越來越高，洪水也越漲越高。鯀治水九年，以失敗告終。

舜即位後，任命鯀的兒子禹繼續治水。

禹吸取鯀的治水教訓，採用疏導治水的方法，興修水利，疏通河道，使洪水順利東流入海。

水是生命之源，治得好，它就能滋養生活，灌溉良田。治不好，它就是洪水猛獸，禍國殃民。

情緒也一樣，它是身體裡游移的能量。

管理得好，情緒的能量可以為我所用，迸發出創造力、進取心，成為向前的動力；管理不好就會情緒失控，助燃憤怒之火，或者將人拖入抑鬱泥潭，傷人害己。

每個人都有心情不好的時候，難過、憤怒、憂鬱，這些所謂的「壞情緒」本身並不是問題，真正的問題是會不會管理情緒。

鯀治水採用堵截的方法，就好比壓抑和回避情緒。不斷加高的堤壩，實際上是承載了更多負面情緒。這些情緒就像洪水一樣，沒有消失，反而因為聚集能量更大。一旦決堤就將衝破堤岸，肆意蔓延。

很多人情緒狀態就像鯀治理下的洪水，呈現壓抑、發洩、再壓抑、再發洩的週期性變化。這次發洩完了，心裡暫時平靜一段。過幾天情緒又積累多了，堤壩再次被衝破。

大禹治水宜疏不宜堵，他的重點不是加固堤岸把洪水鎮住，而是有規劃、有條理、有控制地把洪水分流出去。以退為進，因勢利導，讓洪水流動起來，為我所用。

「通則不痛，痛則不通」，情緒和洪水一樣，都是宜疏不宜堵，我們得好好向大禹學習，讓情緒流動起來，用健康、

合理的方式把內心阻滯的「洪水」疏導出去。身體放鬆了，內心通暢了，人才能夠舒服健康。

另一方面，「壞情緒」也是我們的好朋友。

喜怒哀懼，除了喜，怒、哀、懼都是我們不太喜歡的情緒。通常，跟快樂相關的情緒被稱為正面情緒，與怒、哀、懼相

關的情緒被稱為負面情緒。一個正面，一個負面，一目了然，我們都希望正面情緒越多越好，負面情緒越少越好，如果可以，最好不要有負面情緒。

其實，生氣、難過、害怕這些負面情緒也有它們積極的意義。簡單來說，正面情緒讓人開心，負面情緒使人存活。

碰到危險，恐懼會讓我們在一瞬間做好戰鬥或者逃跑的準備。如果沒有恐懼，人類的祖先就不會在叢林裡生存下來。

被傷害了就會憤怒，如果人不會憤怒，就不會保護自己。憤怒讓我們心臟劇烈跳動，血壓升高，並分泌腎上腺素，幫助我們的身體做好戰鬥準備。

傷心和難過是對喪失的反應。面對生活的一系列不如意，人類的控制力是很有限的，很多時候，我們只能接受和放手。難過和哀傷是對喪失的追悼，讓我們更好地告別，也更好地開始。

2 什麼樣的情緒習慣容易憂鬱

跟父母溝通時，我經常會問這個問題：「當你生氣、焦慮或者難過、傷心、委屈的時候，你會怎麼做？你會怎麼表達負面情緒？」

有父母說：「心情不好，看什麼都不順眼，特別容易發

脾氣。我知道這樣不好，就是忍不住。」

有父母說：「難過也沒有用，事情都發生了，還是趕快解決問題吧。」

有父母說：「與人為善，跟別人生氣不好，裝沒聽見，忍忍算了。」

帶著同樣的問題，我們再看看孩子。

基本上，所有憂鬱的孩子都不擅長表達自己的感受。對於負面情緒，孩子們往往採用壓抑、拖延、迴避、遺忘、逃離的方式去處理。

有時候，這些方式可能有點效果，可以把問題暫時擱置。但長期來看，壓抑、逃避的方式只會把問題積壓起來，反而可能積重難返。

如果把心理空間想像成一個氣球，情緒就是裡面看不見的空氣，壓抑和逃避就是往氣球裡不斷充氣。

一次次的壓抑逃避，使氣球一點點變大變硬，裡面的空氣越來越多。各種情緒混雜在一起，醞釀著一場爆發。

再強大的內心也是有限度的，更何況孩子的內心還沒那麼強大。

氣球越來越大，孩子的健康、學習和生活就會受到各種影響。然後，某年某月的某一天，當再次習慣性充氣時，氣球突然爆炸了。

擅長表達自己的感受，情況就會大不一樣。

不管經歷了什麼，哪怕是一些創傷性的事件，如果孩子能夠把內心的感受表達出來，並得到疏導和指點，就不會卡在情緒裡。這就好比給氣球放氣，讓這些「有毒有害」的情緒釋放出來。

容易憂鬱的情緒處理習慣有以下幾種：

（1）**不當的發洩**

透過某種不恰當的方式把內心的情緒宣洩出去，比如發脾氣、抱怨、嘮叨、指責、大吵大鬧、大哭一場、找人傾訴等，但事後常常感到內疚、空虛，難過。

（2）**壓抑**

有些人因為害怕破壞關係，不願意面對衝突，或者認為負面情緒不好，從而把自己的情緒壓抑住，不去面對和表達。這類人看上去很平靜，但並不是不生氣、不焦慮、不難過，只是不表達而已。

(3) 迴避

壓抑是有了負面情緒不表達，而迴避是根本不去感受。就好像關閉了情緒感受的通路，不去和自己的感受做聯結。

有的人像鴕鳥一樣，把自己的頭埋在沙土裡，認為只要自己不去感受，一切就是正常的。還有些人「超理智」，一味地強調規則和理性，忽視內心的感受。

(4) 合理化

這種方式就像進行了一場內心戲，兩個小人在心裡對話。A 說：「爸爸打我，我好難過。」B 說：「他是你爸爸，還是愛你的，你不應該生他的氣。」A 說：「可是他打我？」B 說：「你自己不也有犯錯的時候嘛，不要斤斤計較。」

這類人試圖給自己講道理，把不好的事情合理化，以減少負面情緒。

3　情緒習慣的兩面性

硬幣都有兩面：有正面，就有反面。處理情緒的習慣也有兩面：有用的一面，有礙的一面。

發洩、壓抑、迴避等情緒處理方式能夠成為孩子的習慣，是因為它們曾經非常有用。在某種環境和情境下，這些方式

避免了負面體驗，對孩子有保護、有幫助。孩子不自覺地重複這些方式，而使其變成了一種處理情緒的習慣。

可是，這些方式在當時的環境有用，未必適應其他情境。合理未必和諧。它還有有礙的一面。

情緒處理習慣	有用的一面	有礙的一面
不當的發洩	自己好受一點，能夠很快降低負面情緒的濃度。 不會讓負面情緒累積，傷害健康。	牽累他人，讓他人為自己的情緒買單。不但沒有解決問題，反而會讓問題更嚴重。破壞關係，讓關係惡化。 週期性，積累到一定程度就需要發洩一次。
壓抑	看起來很正常。迴避衝突，有利於關係和諧。	心累，一個人默默承受。 問題可能被維持，被掩蓋，而沒有被解決。壓抑的東西會越來越多，直到自己承受不了。 不利於身體和心理健康。
迴避	不受情緒之苦，不用面對負面感受。 看起來很平靜，很理性，好像一切盡在掌控之中。	感受不到快樂、幸福等積極情緒。因為關閉情緒通路，會減少負面感受，也會減少積極正面的感受。 像一個有點「冷血」的人，不容易與人建立深度情感關係。 無法解決情感問題。
合理化	自我調節情緒，相對理性、冷靜。 不發生人際衝突。	容易自我衝突，自我糾結。 內心戲太多，別人很難瞭解。 道理都懂，就是很難做到。 當難以自我說服的時候，這種方式就失效了。

4 孩子的情緒習慣從哪裡來

　　我們有各式各樣的習慣，情緒表達的習慣也是其中之一。孩子為什麼會有發洩、拖延、迴避的習慣呢？我們從下面三個方面來分析。

不要一直看手機！

（1）父母言傳身教

　　父母如何處理情緒，孩子就會有樣學樣，如法炮製。如果父母習慣用爭吵、指責來表達憤怒，宣洩焦慮，孩子很可能也會如此。當他們感覺到不高興或者壓力大時，他們就會「本能」地發脾氣。

　　如果父母習慣用壓抑、忽視的方式處理情緒，孩子也會學過來為自己所用。當孩子感覺到委屈難過時，他不會表達出來，也不知道如何表達。

如果父母是同一種模式，比如都喜歡爭吵發脾氣，那麼孩子基本上除了發洩，不太可能學到別的；如果父母兩個人是不同的模式，比如一個人喜歡抱怨，另一個人喜歡迴避，孩子很可能選擇其一。

(2) 生活環境影響

人是環境中的人，所有行為都要適應環境。孩子的情緒處理方式往往是為了適應環境、保護自己而發展起來的。

比如：小張同學的父母天天爭吵，衝突很多。如果小張參與到衝突裡，那麼他會非常痛苦，整天跟著父母坐情緒的「過山車」(劇烈起伏波動)。

為了保護自己，小張開始迴避自己的感受。有點像掩耳盜鈴，把自己的耳朵堵上彷彿就聽不見了，把自己的感受關閉掉就體驗不到了。

這樣模式並不完美，也解決不了問題，但可以幫助小張適應當下的家庭環境，避免捲入父母的矛盾，減少痛苦和無力感。

可是，等小張長大了，環境變了，他需要和朋友建立親密關係時，迴避情感的習慣模式就不能像小時候那樣幫他了，而會成為他最大的阻礙。

(3) 孩子的行為得到強化

一個行為變成一個習慣，意味著要多次重複並持續一段時間。產生某種行為可能來自父母的影響，可能為了適應環境，

那麼是什麼讓它維持下來的呢？一定是因為這個行為可以得到某些好處而被強化。

小金同學從小就是個小大人，同學給她取了個外號「金教授」，因為她總是一臉平靜，一本正經。男同學欺負她，她會說：「我不會生氣，孩子嘛，都有調皮的時候，並不代表他是個壞孩子。」媽媽要求她讓著妹妹，儘管她非常委屈，但她也會微微一笑：「媽媽你說得對，她還小，我是姐姐，應該尊老愛幼。」

小金同學被醫院診斷為重度憂鬱。她習慣用講道理的方式迴避自己的真實感受。

討論這些的時候，她告訴我：「剛開始我會委屈難受，可是只要這樣說，身邊人都會誇我懂事，後來我就習慣了。」

我想小金父母怎麼也想不到，這些誇獎和認可讓一個童言無忌的小孩變成了「金教授」。

5 如何幫助孩子學會處理自己的情緒

憂鬱的孩子都是敏感的孩子，他們感受豐富，有自己的想法，由於自卑、懷疑、害怕，行動上往往很被動，有感受不會表達，有想法不會交流，有意見不會溝通，這使得他們常常被情緒問題困擾。

幫助孩子表達情緒，關鍵在於讓他們學會溝通，能夠心平氣和地把自己內心的感受表達出來。

我總結了三點：

第一，面對情緒不迴避。

第二，表達情緒不壓抑。

第三，合理表達不失控。

既不壓抑自己，也不破壞關係，能夠清晰表達出自己的感受和要求，解決問題，拉進關係。

怎樣幫助孩子學會溝通呢？

教孩子學習溝通，最好的方式就是和孩子溝通。

父母以身作則，改變自己的溝通模式，用健康和諧的方式和孩子溝通，讓孩子見識和體會到溝通的魅力，也可以和孩子一起討論如何更好地溝通，邊學習邊練習，雙管齊下，幫助孩子慢慢建立和內化溝通的良好習慣。

有效溝通的四個步驟：

第一步，清楚陳述發生的事情，不評價不判斷。

第二步，表達自己的感受。

第三步，說出哪些需要導致這樣的感受。

第四步，提出具體請求。

舉個例子：

小張同學晚上看手機，10 點還沒有睡覺。按照有效溝通的四個步驟，父母要如何跟小張溝通呢？

「現在晚上 10 點了，你還在看手機。」清晰表達發生的事情，不評價，不指責。

「我感覺有點擔心。」說出自己的感受。

「手機的藍光會影響睡眠，多睡一會兒才能讓大腦好好休息。」客觀說出原因。

「我希望晚上 9 點以後都不要再看手機，可以嗎？」提出具體要求。

在第一步裡要注意的是不要評價，只講客觀事實。

「現在 10 點了，你還在看手機。」這是事實。

「手機都看了一天了，怎麼還在看」、「總在看手機」、「怎麼學習沒這麼積極」，這些都是評價和指責。

第二步要表達出自己內心的感受。

「我感覺有點擔心。」這是感受。

「我覺得你太過分了」、「我覺得你這樣不好」、「我認為你應該⋯⋯」這些都是帶著指責的想法。

第三步說出導致自己感受的原因。

有時候這一步可以省略，有時候加上一句效果會更好。這一句話可以引導孩子更好地體會情感，擴展認知。

第四步提要求要儘量具體。

「晚上 9 點以後不要再看手機。」這個要求非常具體，可執行。

「以後少看手機」這個要求不夠具體，「少看」是多少，父母和孩子的標準可能不一樣。

「你都這麼大了，管理好自己。」這個要求泛泛而談，孩子可能不知道什麼叫「管理好自己」。

四點提示：

（1）溝通的重點是讓孩子明白，而不是一味地表達自己的想法。父母要克制自己隨意評價、出口傷人的衝動。

（2）剛開始練習，語言要儘量簡短，不要長篇大論，一旦偏離要馬上停下。

（3）學習一個新技能都有一個刻意練習的過程。想說的話可以按照上面的四個步驟，多在腦子裡過幾遍，也可以寫下來，不要張口就來。

（4）溝通的關鍵在語言，也在態度。父母要關注自己的語氣、表情、姿勢等非語言表達，態度平和，自然放鬆，才能言行合一，有效溝通。

───── | **本章小結** | ─────

● 情緒本身無好壞，管理不好才讓憂鬱、焦慮、憤怒成了「壞情緒」、「負面情緒」。

● 容易導致憂鬱的四種情緒處理習慣：不當的發洩、壓抑、迴避、合理化。

● 孩子憂鬱習慣的來源：父母言傳身教，生活環境影響，消極行為得到正強化。

● 學會有效溝通可以幫助孩子準確表達內心感受和訴求。

給情緒「洪水」找出口

1‧越壓抑越憂鬱，情緒宜疏不宜堵。和孩子一起頭腦風暴：情緒不好的時候做點什麼能夠讓心情好一點？

2‧把你們想到的方法寫下來或者畫出來，用健康、合理的方式把內心的「洪水」疏導出去。

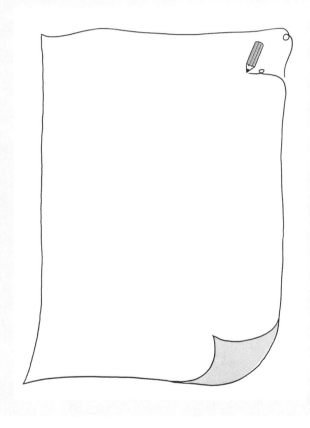

第14章

調整孩子的憂鬱想法

1 怎樣打破憂鬱的循環

　　幫助孩子調整情緒時，我們可以直接在情緒層面工作，幫助孩子舒緩緊張，疏導委屈，減輕焦慮和憂鬱。我們也可以在想法層面工作，幫助孩子調整內心的想法，從而改變情緒感受。

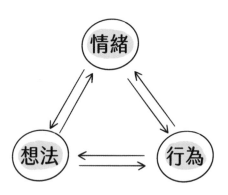

　　小張同學剛剛升入一所重點國中，第一次考試，成績排名比在小學時下降了不少，以前在班裡排名前五，現在排在

班裡後十名。小張同學非常受挫，情緒低落。學習沒以前積極了，經常拖延，玩手機。

如果你是小張的父母，你要怎樣做孩子的工作呢？

很多父母會直接指責孩子：「成績下降這麼多，還玩手機！不知道自己應該幹什麼嗎？」

有些父母會很焦慮：「第一次考試就這樣，以後怎麼辦，還能考上高中嗎？」

這些處理是本能反應，卻未必有好的效果。

我們先來看看小張的內心發生了什麼：

情緒上，感覺挫敗、難過、焦慮。

想法上，認為別人都好厲害，自己能力不行，學不好。

行為上，拖延，迴避。

情緒、想法和行為，這三者相互影響，如同雞生蛋、蛋生雞的關係，互為因果，不斷循環。

想法決定了感受，感受會強化想法。感受和想法決定了行為，行為的結果會強化負面感受，驗證之前的想法，帶來更多的負面行為。

小張越是認為自己的能力不行，同學都比自己強，他就越發會感覺到挫敗、焦慮和無助，也就越發不想學習，磨蹭拖延。

小張的情緒循環：

小張父母的情緒循環：

父母和孩子都有自己內在的小宇宙，雙方的情緒循環彼此獨立，又相互交叉。父母指責孩子，孩子頂撞父母，父母的小宇宙和孩子的小宇宙撞在一起，兩個負向循環疊加使得雪球越滾越大，不斷循環重複。這時，不僅原來的問題沒有解決，還會引發其他問題。比如孩子不去上學了，翹課厭學，等等。

怎麼打破這個循環呢？

我們發現小張有挫敗感，可以做做孩子的「思考引導」。

- 可以和孩子討論一下新學校和老學校的不同，引導孩子發現這次的成績下降有一些客觀因素：重點國中裡大家都是學霸，學習氛圍濃；國中的學習要求和學習方式與小學有很大不同。
- 一次成績不理想不是能力有問題，有困難不代表自己比別人差。這只是一次小提醒，需要改進學習方法，可以從同學那借鑒學習經驗。

這些都是在幫助孩子做認知層面的調整，想法改變了，情緒和行為都會立刻改變。

2 憂鬱時，孩子會有哪些常見的負面想法

憂鬱的孩子常常會有很多認知偏差，想事情、看問題往往無法「積極向上」，無法「樂觀一點」，無法「全面客觀」。

負面的想法會產生負面的情緒，讓孩子更加憂鬱。

12 種常見的憂鬱思維：

（1）憂鬱狀態

也稱非黑即白，兩極化，或者極端化思考。這種思考方式常常用兩分法看待人和事，沒有中間的過渡地帶。

比如：如果考不了第一名，我就是個失敗者。

（2）災難化

不考慮其他各種可能的結果，只是消極地預測未來。

比如：別人生氣了就永遠不會理我了，我將被孤立，沒有朋友。

（3）忽視正面資訊

看不見或者自動忽略事情好的一面，總是聚焦在負面資訊上。

比如：數學好有什麼用，我的英語聽力總被扣分。

(4) 情緒推理

因為感受很強烈，就認為事實一定怎樣，忽視或者低估其他可能性。

比如：好緊張，我剛才肯定表現很差，很丟人。

(5) 貼標籤

給自己或他人貼上確定性且概括的標籤，而不去考慮具體的情境和結果。

比如：我性格孤僻，是個不受歡迎的人。

(6) 誇大或縮小

在評價自己、他人或者事情時，沒有理由地誇大消極面，縮小積極面。

比如：我的臉太大了，像一張大餅一樣，太醜了！

(7) 心理過濾

也稱選擇性提取。將注意力過分集中在消極的資訊上，而看不到整體。

比如：老師批評我了，說明我做什麼都不行，一無是處。

(8) 讀心術

相信自己知道別人怎麼想，而不去考慮其他可能性。

比如：他們肯定以為我很傻，暗暗嘲笑我呢。

（9）過度概括

很容易得出一個消極的結論，然後用這個結論概括其他事情。

比如：我跟小張打招呼，她都不理我，我沒有交朋友的能力。

（10）個人化

相信別人表現不好是自己的原因，而不去考慮其他合理解釋。

比如：小張分零食沒有給我，肯定是我惹她生氣了。

（11）「應該」和「一定」陳述

對自己對他人有一套嚴格、堅決的規則，不能觸碰，沒有彈性。

比如：我應該照顧別人的感受，必須和每個人保持良好的關係。

（12）管道視野

從管道中看世界，只看到事情的一個面，而且往往是消極面。

比如：老師不公平，憑什麼只批評我，壞老師！

3 孩子的負面想法從哪裡來

為什麼孩子會有這樣的想法呢？為什麼是這樣想而不是那樣想？這些想法從哪裡來呢？

孩子的想法不是憑空產生的，受多種因素影響。揣摩這些想法的來源，父母可以更好地理解孩子。

（1）經歷影響想法

小到生活習慣，大到價值觀，都會受到成長經歷的影響。我們認為的所有的「應該」，所有的「必須」，所有的規則，很大一部分都來自成長經歷。

年齡大一點，經歷多一點，視野開闊了，人的想法就會改變。「現在想起來，以前好傻呀。」這是想法的更新，也是經歷帶來的成長。

（2）性格影響想法

性格不同，想法常常不一樣。同樣一杯水，樂觀的人認為水還有很多，悲觀的人認為水都快沒了。

習慣內歸因的人，矛頭指向自己，「他生氣可能是我哪裡做得不好」。習慣外歸因的人，矛頭指向他人，「他生氣是他不對，跟我有什麼關係」。

(3) 情緒影響想法

同樣一件事，開心時和難過時想法是不一樣的。孩子是最容易受情緒影響的。

憂鬱時，孩子的想法多是負面的悲觀的，很多孩子會認為自己比別人差，未來沒有希望。等到克服憂鬱了，這些想法都會改變。

(4) 行為影響想法

人的想法總是試圖與行為保持一致。孩子常常會辯解、找理由，以此證明自己的行為合情合理。

比如：「不想跟小張出去玩不是因為發生矛盾，而是因為我就想一個人在家玩。」

(5) 角色影響想法

兩個人角色不同，想法也就不同。

媽媽希望孩子再努力一點，把時間用在學習上。孩子認為自己學累了，就想再玩一會兒。雙方都沒有錯，只是因為視角不同而已。

(6) 環境影響想法

環境對孩子的影響非常大。環境包括客觀環境，也包括人的環境。青春期的孩子，跟什麼樣的人一起玩，身邊有什麼樣的朋友，非常重要。老師怎麼說，同學怎麼想，都會對孩子有影響。

最後，要特別強調網路環境對孩子的影響。現在孩子的上網時間普遍比較長，孩子上網幹什麼？看什麼內容的影片？喜歡玩什麼樣的遊戲？和什麼人聊天？都聊些什麼？這些都會對孩子產生影響。

4 　如何幫助孩子調整自己的想法

幫助孩子調整想法，我給父母們 5 個小工具。

（1）找證據

孩子很容易受情緒影響而得出自己的判斷。比如被老師批評了，內心不爽，就認為「老師對我有偏見，他不喜歡我」。當孩子頑固地這樣認為時，他會自動不想和老師有良性互動，而把注意力聚焦在批評和不滿上。

再比如，孩子某一次上臺講話，因為太緊張而被同學取笑，由此認為「我不擅長當眾講話，我有社交恐懼」。

當孩子出現類似的想法時，我們可以用「找證據」的方式說明孩子看到「想法不是事實」。比如，你可以這樣問：

「你覺得老師有偏見，除了這一次，還有別的證據嗎？」

「老師對別的同學怎麼樣？」

「如果這次犯錯的是小張，老師會怎麼處理呢？」

「老師之前對待你，有沒有好的地方呢？」

「老師這樣說，除了你認為的他不喜歡你，還有沒有別的可能呢？」

支持這個想法的證據是什麼？反對這個想法的證據是什麼？有沒有別的解釋或觀點呢？這些問題都是在幫助孩子擴展視野，看見現實，而不是停留在情緒裡。

（2）箭頭向下

雖然年齡小，很多孩子想問的問題並不少。一些孩子內心戲很豐富，往往陷入對過去的自責和對未來的擔憂中。

比如，小張和同學發生矛盾了，事後她反反覆覆地想：我當時說的話是不是過分了？是不是不應該那樣說？可是，她先說的我啊，她怎麼能那樣對待我呢？我們還能夠做朋友嗎？明天她不理我怎麼辦？她會不會孤立我？別人怎麼看，會不會認為我小氣……

當孩子不斷反思時，我們可以採用箭頭向下的技術，幫助孩子。

這樣的分析就像一個箭頭，帶領孩子一直往下看，看到自己的擔憂和恐懼。

很多事情本身並不可怕，如果真的發生了，孩子可以接受，也可以應對。最熬人的是靴子還沒有落地的時候，焦灼和不確定性讓孩子抓狂。

（3）拉長時間線

很多事情在父母看來是小事，可在孩子的眼裡卻是很大很重要的事情。這是因為孩子的年齡還小，生活環境單純，他們的世界很小，家庭和學校就是他們全部的生活。

當孩子在一些「小問題」上糾結的時候，我們可以拉長時間線，幫助孩子站在更長的時間維度上遠觀現在這個問題，時間上的擴容可以幫助孩子從目前的認知上掙脫出來。

比如，情竇初開的小張同學很喜歡一個男生，不知道男生喜不喜歡她，當這個男生和其他女生接近時，小張就感覺很痛苦。

如果孩子告訴你這些，你要怎樣幫助她呢？

很多父母會指責孩子：「別胡思亂想，妳應該把精力放在學習上！」

從情緒感受上來說，這樣的指責不會有效。小張看到那個男生，她還是會難受，還是會影響她的狀態。

我們可以拉長時間線：

「當妳 30 歲的時候，妳想過什麼樣的生活呀？」

「妳希望自己多大年齡結婚呀？」

「妳希望在什麼樣的狀態下談戀愛呀？」

「當妳 30 歲、40 歲了，妳是一個妻子或者媽媽了，再回頭看現在的心動，會有什麼樣的想法呢？」

這樣的對話可以說明孩子看到未來的生活很長，當下的心動不是全部，以後還會有很多選擇。

(4) 換角度，換位置

處在不同的位置上，我們的想法就會不同。當孩子產生一些頑固的想法時，往往是固守在一點，不能從其他角度和位置看問題，這樣就會看上去很「倔強」，「死不悔改」。

這時候，我們可以用提問的方式，說明孩子變換角色，調整與事件的距離，從不同的位置看這個問題。橫看成嶺側成峰，位置變了，看到的想到的感受到的也就都變了。

小張會是怎麼樣的感受？

　　比如：小王和小張發生矛盾了，小王認為自己雖然是說了很難聽的話，但還是小張有錯在先，沒有在同學指責自己的時候站出來幫忙。

　　這個時候，我們就可以採用變換位置的方式。我們可以這麼問小王：

　　「你猜小張現在在想什麼呀？」

　　「如果你是小張，當好朋友當眾說了那麼難聽的話，你會有什麼感覺呀？」

　　「如果你是第三人，比如你是小高，看現在你和小張的關係，你會怎麼想呢？」

　　變換角度和位置，可以幫助孩子看見事情的全貌，設身處地去體會他人的想法和感受。

（5）看到硬幣的兩面

硬幣都是有兩面的，所有的人和事也是如此，有向陽的一面，就有背陰的一面，有好的地方，肯定也有不好的地方。

當孩子陷入憂鬱狀態時，認知往往都是很負面的，只能看到或者相信不好的一面，沒有能力看見或者想到事情還有另外一面。

這個時候，父母就要幫助孩子看見另外一些可能。這並不是否定這一面，而是既承認這一面，也能夠看見另一面。這樣的認知更客觀、更有彈性。

比如：小張同學數學很差，難以提高成績，整天被老師批評。小張認為自己真是太差了，努力也沒有用，前途茫茫。

這時候，我們可以和孩子討論：

「每個人都有優勢和劣勢，你數學是不好，可是也有好的地方啊，作文就寫得很好啊，你並不是一無是處，你有自己的優點。」

這並不是迴避數學差這個問題，也不代表放棄提高成績，而是要更客觀地認識自己，看待自己，不能一味地貶低自己，挫敗自己。

──────┤ **本章小結** ├──────

- 憂鬱的孩子常常會有很多認知偏差，有12種常見的憂鬱思考。
- 孩子的想法不是憑空產生的，受經歷、性格、情緒、行為、環境等多種因素影響。
- 幫助孩子調整想法的5個小工具：找證據、箭頭向下、拉長時間線、換角度換位置、看到硬幣的兩面。

和想法對話

當內心有負面想法時，可以用以下 10 個問題和自己的想法對話。

1‧支持這個想法的證據是什麼？

2‧反對這個想法的證據是什麼？

3‧有沒有別的解釋或觀點？

4‧最壞會發生什麼？

5‧如果發生了，自己能如何應對？

6‧最好的結果會是什麼？

7‧最現實的結果是什麼？

8‧如果相信這個想法，會有什麼影響？

9‧如果改變這個想法，會有什麼影響？

10‧如果我是 xxx，處於和 xxx 相同的情境，會有什麼感受？會怎麼想？怎麼做？

第 15 章

改變孩子的憂鬱行為

1 憂鬱和孩子的行為有什麼關係

一般來說，孩子行為上的異常是父母最容易發現的。不過，當發現孩子「不太對」的時候，父母往往不會把這些異常和憂鬱聯結起來。

比如，孩子學習成績下降、拖延、馬虎、不能集中注意力，父母會認為這是孩子學習態度有問題，對待學習不認真，不會想到孩子可能有情緒問題。孩子玩手機、睡眠紊亂，父母也不會把它們和憂鬱聯結起來，而認為這都是過度使用手機造成的。

如何分辨孩子行為哪些是正常的，哪些是憂鬱的訊號呢？我們還是要回到情緒、想法和行為的關係上。

行為和情緒的關係：情緒驅動行為，行為的回饋會影響情緒。

行為和想法的關係：想法決定行為，行為的回饋會印證

和強化想法。

當我們看到孩子有一些異常行為時，不要單純地認為這只是一個「壞習慣」，是孩子「不應該做的事兒」而已。要多想一想，孩子的行為不是孤立的，行為背後一定有動力。孩子有什麼樣的感受才會這樣做呀？有什麼樣的想法才會做出這樣的舉動呢？透過行為瞭解情緒，透過行為猜測想法，把孩子的感受和想法都看到了，我們才能真正瞭解孩子。

比如，小張同學最近情緒波動很大，一點兒事情不順心就哭哭啼啼，還經常對父母發脾氣。

單看這些行為，小張同學的父母真的很生氣，孩子是不是青春期叛逆了？怎麼能這樣對父母呢？孩子沒教養，品德上有問題？

細心的父母不會只停留在孩子的言行上，他們會向下思考問題：學校發生什麼事了？孩子和同學關係怎麼樣？最近孩子在想什麼？為什麼這麼愛哭呢？

明白感受、想法和行為的相互關係，為我們全面瞭解孩子的內心提供了一個圖式，也為我們改變孩子的行為提供了一個思路，既然它們是互為因果、相互影響的，那麼，想要改變孩子的憂鬱行為，可以有多種方式：

（1）做情緒的引導，情緒變了，行為就會變。

（2）做認知的引導，想法變了，行為就會變。

（3）直接在行為層面做引導，直接改變行為。

比如剛才小張同學的問題，我們可以瞭解他的情緒，去

做情緒的安撫和梳理；也可以調整小張的認知，幫助孩子解開疑惑；還可以直接在行為層面引導，引導小張用合理的方式表達情緒困擾，解決學習和人際問題。

2 瞭解行為背後的動力：正強化和負強化

　　大部分孩子憂鬱後，都會有一些迴避的行為，不寫作業，不想上學，不想和同學交往，不想跟父母說話，但是卻很喜歡玩遊戲、看手機，孩子為什麼會有這樣的表現呢？

　　所有的行為都不是無緣無故的，都有內在的動力。比如，一個人餓了，他就想吃東西。之所以有「吃」這個行為，是因為背後的動力「餓了」，需要借助吃東西滿足身體的需要。

　　憂鬱行為也是這樣。孩子之所以這樣做而不是那樣做，是因為這樣做可以滿足內心的某些需要。

　　通常來說，使一個行為產生並維持下來有兩種動力，一種是正強化，一種是負強化。

　　正強化指的是這個行為能夠帶來正向的感受。因為體驗很好，這個行為就容易繼續下去。

　　比如，上課積極發言被老師表揚了，老師的表揚就是一個正強化，讓孩子體驗到自信和快樂，孩子就會更加願意發言回答問題。

再比如，孩子幫助同學，同學表達了感激之情，這份情誼讓孩子很開心，這就是正強化，孩子以後就願意繼續幫助同學。

負強化指的是某個行為可能不會帶來好的感覺，但是它可以避免讓你陷入負面的感受。因為可以讓你不再難受，這種行為也容易被維持下來。

比如，孩子不想寫作業，不想上學，這樣的行為沒有什麼好的感覺，但是，它可以暫時讓孩子逃避壓力，逃避緊張、焦慮和挫敗，這就是一個負強化。

再比如，競選班級幹部沒有競選上，下一次孩子就不想參加競選了。不去競選沒有收穫，但是可以避免失敗的難過和挫敗。

很多父母困惑：很多事情明明沒有任何好處，孩子自己也是知道的，為什麼就是不改呢？

現在我們知道了，就是因為負強化呀。雖然不能帶來好處，但可以避免更難受，某種意義上，這也算是個好處，從而使得行為維持下來。

比如，孩子喜歡看手機、玩遊戲。

從正強化分析，玩遊戲很放鬆，可以帶來快感、成就感，可以交朋友。

從負強化分析，玩遊戲可以暫時逃避壓力，躲進虛擬世界，不用面對現實困擾。

這樣一分析，也就不難理解孩子那些「不可理喻」的行為了。

3 如何改變孩子的行為

正強化和負強化的概念，為我們改變孩子的行為提供了思路。

想要改變孩子的行為，得從孩子的內在動力上做工作。可以增加正強化，增加積極的體驗；也可以利用負強化，減少負面體驗和感受。具體說來，就是要多多鼓勵、欣賞孩子的閃光點，減少對不足的批評和指責。

小王同學告訴我：「長這麼大了，爸爸從來沒有認可過我。

如果我做錯了，他劈頭蓋臉一頓批評指責。如果我做得還行，他也不會表揚。他會板著臉說，做好是應該的，你還有很多不足的地方，可以做得更好。」

我相信小王爸爸很愛孩子，之所以挑剔是因為他希望孩子看到自己的不足，知道「人外有人，天外有天」，能夠虛心學習，不斷進步。這是父母對孩子的愛，出發點是好的。但是很可惜，良苦用心未必能有好效果，這樣的方式只會打壓孩子，讓孩子不斷受挫。

「批評讓人進步，表揚使人驕傲」，很多父母從小就被教育「要善於批評和自我批評」。他們認為只有批評才會讓孩子看到不足，不斷進步，不敢肯定和稱讚孩子，怕孩子滿足於現狀。

這是一種誤解。

首先，這些話是有時代背景的，它誕生在一個崇尚自律、奉獻和自我犧牲的年代。而現在的文化更加崇尚個性，提倡獨特性和自我實現。以前的教育理念非常可貴，但是照搬用到現在的孩子身上未必合適。

事實上，從小孩到老人，無論男女，無論長幼，沒有人喜歡被批評，大家更喜歡被認可、被欣賞、被表揚。

一頭牛，你推是推不動它的。如果拿點飼料放在前面，牛就會自己往前走。教育孩子也一樣，要順應人性，多鼓勵，多肯定，少批評，充分調動孩子自己的動力，父母才能省心省力。

「批評＝受挫」，批評就是一種打擊和挫敗。挫敗不一定

會讓人進步，多數情況下，頻繁的打擊只會讓一個人否定自己、自卑、退縮。人只有不斷得到肯定和鼓勵，才會激發內在的動力，表現得更好更棒。

有時候，批評和打壓確實可能有好效果。這裡有一個關鍵的影響因素就是孩子，得看是什麼樣的孩子。

如果這個孩子是個受挫能力特別強，自信滿滿，倔強不服氣，不達目的不甘休的孩子，父母用激將法可能會點燃孩子的好勝心，讓孩子進入戰鬥狀態，躍躍欲試，攻城掠地。

如果這個孩子怯懦、膽小、自卑、脆弱、敏感，父母再用批評指責的方式就未必有好效果了。父母希望孩子越挫越勇，可是孩子沒有那麼強的受挫力，就會一蹶不振、自我否定、退縮回避。

如果孩子憂鬱了，會比平時更敏感更脆弱，父母更要重視方式方法。直來直去地指責孩子，要求孩子，不僅達不到糾錯的效果，反而會讓孩子雪上加霜，更加挫敗、無助和憂鬱。

4 改變孩子行為的三個建議

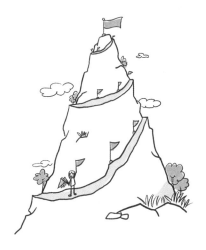

（1）把大目標分解成小目標、微目標

憂鬱會讓孩子缺乏動力和興趣，這時候宏大的目標發揮不了激發孩子的作用，反而會加重孩子的畏難情緒，「這麼難，我覺得肯定做不成，不想嘗試了」。

在和孩子討論目標的時候，要儘量把大目標細化，分解成小目標、微目標，讓孩子感覺不難，可以試試。

一定要保證孩子不必特別費勁就可以達成這個目標。這樣做的好處是孩子一旦做到，就會有正向激勵，形成正強化。

比如，小張同學不想出門，整天躺在床上看手機。父母希望小張鍛鍊身體。如果這個時候定下目標：每天跑步 1 小時，

就算知道鍛鍊對自己有好處，小張大概也不會嘗試。

我們可以把目標細化，變成一個個小目標。第一步，先保證每天出門走走，只要能出門就是勝利。然後再一點點加內容，可以每天散步半小時，可以小跑一段，可以加加速，加長時間。

不要嫌棄目標小、進步慢，一個支點就可以撬動地球，一個個小的正強化就可以讓孩子啟動起來。

(2) 把理念落到方法上

很多父母喜歡講道理，不善於討論方法。

「不要拖拖拉拉，珍惜時間，把握時間」，這是一個道理。

怎麼才能把握一點？怎麼才能安排好時間？吃飯睡覺娛樂的時間應該怎麼安排？應該先做什麼後做什麼？怎樣更好地利用自己的精力？

這些牽扯到時間管理、精力管理、統籌安排等方法，要多花一點時間跟孩子討論方法，而不是只講一個「把握時間」的概念。

「生氣的時候不要發脾氣，先讓自己冷靜下來」，這是一個情緒管理的理念。

怎樣讓自己冷靜下來？你可以轉移注意力，比如回到房間，關上門，一個人聽聽音樂，或者出門散散步。

怎麼才能夠不發脾氣？需要有覺察，及時喊停，當情緒要爆發的時候提前預警，告訴自己先停一停，轉移一下注意力，

讓自己恢復冷靜。

如果忘了怎麼辦？可以記標語，做提示動作，等等。這些都是具體方法。

寫字需要筆和紙，做飯需要鍋碗瓢盆，巧婦難為無米之炊，做任何事情都需要工具。只有理念沒有用，必須把理念落地，要有具體可操作的方法。

（3）耐心、耐心、耐心

培養孩子最不可缺少的是什麼？如果只選一樣，我會選擇耐心。現在一切都是越來越快，耐心成了最稀缺的品質。養育孩子這件事，沒有耐心真不行。

「都講了好幾遍了，怎麼又做錯了？」

「說了這麼久，怎麼還沒掌握？」

「上次就是粗心，這次為什麼還這樣？」

父母生氣，認為孩子沒有進步，其實不一定是孩子「沒腦子」、「不用心」，而是進步沒有那麼快而已。

所有技能都需要經歷一個刻意練習的過程，一個不斷重複、進步、重複、進步的過程。改變需要時間，需要積累，這是一個螺旋形向上的過程，不可能是一條平滑的直線，更不可能跳躍式發展。

父母越有耐心，對孩子越包容，孩子就越能夠把精力聚焦在自已的問題上，才可能更快更好地成長。

5 孩子什麼都不想做怎麼辦

　　憂鬱的時候，很多孩子什麼都不想做，對什麼都不感興趣，沒有動力。興趣喪失，快感缺失，這些是憂鬱的主要特點。這兩點很容易拖住孩子，把孩子往泥潭深處強拉硬拽。我們要做的就是拉住孩子，往相反的方向用力，和孩子一起行動起來，做點和憂鬱相反的事兒。

　　美國心理學之父威廉·詹姆斯有一句著名的話：「我不唱歌，因為我快樂；我快樂，因為我在唱歌。」

　　他告訴我們，身體的體驗會導致情感的變化。身體體驗了某種感覺或者做出了某個動作，會使得我們產生某種特定的情感。

也就是說，你做點快樂的事兒，就會感覺快樂一點。你擺出一個自信的姿勢，就會產生自信的感覺。相同的道理，如果你整天一副萎靡不振的樣子，只是消沉和退縮，這些行為和體驗也會讓你產生相應的感受，你的感受就會更消極更憂鬱。

「因為心情不好，所以什麼都不想做，等心情好了再去做那些事吧。」這個邏輯聽上去沒問題，可是如果憂鬱了，什麼都不做只會讓情緒越來越糟糕。

「因為心情不好，所以才更要做點讓自己開心的事兒。做點開心的事兒，才能讓自己心情好受一點。」當我們狀態不好的時候，要學會運用這個邏輯。

多囉唆兩句：「狀態不好的時候要主動做點讓自己開心的事兒」和很多父母說的「心情不好你也得學習啊」不是一回事。

孩子狀態不好的時候，我們要督促和帶領孩子做點開心放鬆的事，做這些事的目的不是為了學習技能，不是為了增強能力，單純就是為了就是調整情緒，快樂和放鬆就是目的。

有時候，孩子會說「狀態不好，什麼都不做」。其實，這個世界上沒有「什麼都不做」這件事，只要活著肯定會做點什麼。

「什麼都不做」往往是形容一種躺平、發呆、歎氣、想東想西、拖延、混時間、玩手機的狀態，並不是真的什麼都不做，而是一些消極、迴避、拖延的行為，這些行為都是被動的，不僅達不到放鬆的效果，還會增強憂鬱的感受。

要想辦法帶領孩子主動出擊，主動去調整自己的狀態，有目的地去做些開心的事，這樣才會增強孩子的控制感和自信心。

─────────┤ **本章小結** ├─────────

- 改變孩子的行為，要從內在動力上做工作，可以增加積極體驗，也可以減少負面體驗和感受。
- 批評不一定讓人進步，頻繁的打擊會讓孩子受挫、退縮。肯定和鼓勵會激發孩子內在的動力，促進孩子進步。
- 改變孩子行為的三個建議：把大目標分解成小目標和微目標，將理念落到方法上，多一點耐心

互動練習 14

邁出改變的第一步

步驟 1：選擇

憂鬱時常常什麼都不想做，然而消極、迴避、拖延的行為發揮不了放鬆的效果，還會增強憂鬱的感受。是做出改變還是保持現狀？可以和孩子一起討論，將利弊列出來，並做出選擇。

	好處	壞處
做出改變		
保持現狀		

步驟2：承諾

填寫並大聲說出自己的選擇。

孩子：「我知道憂鬱讓我什麼都不想做，逃避壓力、迴避社交……這些行為幫不到我，反而讓我離目標越來越遠。我選擇做出改變！」

步驟3：改變

我希望父母能夠提供如下幫助：

(1) _____

(2) _____

(3) _____

步驟4：回應

父母：「孩子，祝福你，勇敢邁出改變的第一步！我們永遠愛你！永遠支持你！」

5

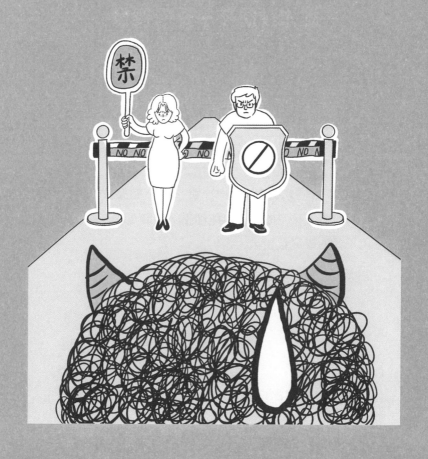

第五部分

防止孩子憂鬱復發

第16章

怎樣預防孩子憂鬱復發

一項針對青少年重度憂鬱障礙的研究證明，超過 70% 的人會在第一次憂鬱發作後 5 年內第二次發作。

復發，不管是對於身體疾病還是心理問題來說，都不是好兆頭，代表著孩子的憂鬱可能加重，時間更長，影響更大，治療和干預的難度也更大。

怎樣預防孩子憂鬱復發呢？

1 首次介入要徹底

預防憂鬱復發，最重要的一條就是在首次治療和介入時，保證足量足療程的藥物治療和心理諮詢。

憂鬱藥物治療宣導全病程治療，分為急性期治療、鞏固期治療和維持期治療三個階段。

一般來說，急性期治療 8 ～ 12 週，鞏固期治療 4 ～ 9 個月，維持期治療至少 2 ～ 3 年，對多次復發以及有明顯殘留症狀者建議長期維持治療。

關於服藥的建議：

- 按醫囑服藥，不要憂鬱一減輕就自行減藥，保證足量足療程服藥。
- 如果孩子服藥後感覺不適，不要自行停藥，可以和醫生討論換藥。
- 幫助孩子記錄服藥後的狀態變化，定期回診，儘量找同一個醫生。
- 幫助孩子做好藥品管理。

心理諮商也一樣，也是分階段進行的。諮商和談話就像服藥一樣，需要建立和維持穩定的諮商設置才能有好的效果。

關於心理諮商的建議：

- 如果很難和諮商師建立諮商同盟，可以換一位諮商師。
- 保證相對穩定的諮商計畫有利於諮商效果。
- 積極參與家庭諮商。
- 如果想中止諮商，建議和諮商師討論一下再做決定。
- 可以記錄孩子在學校和家庭的狀態，給心理諮商師做參考。
- 對孩子的狀態和諮商有任何困惑，都可以和諮商師討論。

2 制定短期目標和長期目標

對孩子憂鬱的介入，既要有短期目標，又要有長期目標。

當憂鬱襲來的時候，孩子的狀態急轉直下，諮商的短期目標就是減輕、消除憂鬱。當孩子憂鬱減輕了，狀態穩定下來了，諮商師才能夠有機會幫助孩子更好地調整認知和行為習慣，修補心靈創傷，幫助孩子克服自卑，這就是長期目標。

比較常見的一種情況是：透過短期服藥或者心理諮商，孩子狀態明顯好轉。憂鬱的痛苦降低了，父母就把重心轉移了，從孩子的情緒轉移回學習，「總吃藥不好」、「孩子時間很緊張，沒空做諮商了」，很容易在這個階段停藥或者停止心理諮商。

減輕不代表消失，不意味著孩子真的「好了」，也不代表憂鬱不會復發。恰恰相反，如果之前有過憂鬱，復發的概率會更高。

憂鬱不僅跟外界壓力和事件有關，更跟孩子的認知傾向、思維模式、性格習慣、成長經歷等密切相關。如果這些東西沒有被干預，碰上壓力事件，憂鬱就會捲土重來。

3 強化預防意識，做好情緒監測

防患於未然，預防最重要。這個道理很簡單，但很多人，包括我自己，都有好了傷疤忘了疼的毛病，直到傷疤再疼起來，才後悔沒有早重視。

對待憂鬱，要把預防工作做在前面，像防火防盜一樣，把重點放在預防上，不要走一步算一步，到時候再說。要做好孩子的日常情緒監測，爭取第一時間發現異常，盡可能早地幫助孩子調整和干預。

情緒監測是一個警報器，孩子狀態不好，警報器就會響，父母可以透過監測孩子情緒的變化及時發現問題。

4 建立好支援系統，不要再回到「老路上」

不會求助的孩子最危險。建立好支援系統，就是給孩子繫上安全帶。父母要說明孩子建立和維持支援系統，支援系統裡可以有精神科醫生、心理諮商師、學校老師、親戚朋友、閨蜜好友等，其中最最重要的還是父母。

憂鬱減輕的時候，很多孩子告訴我：「我不想好起來，

我害怕等我好了，父母會和以前一樣。」

孩子的擔心不無道理。習慣是很難改變的，成長不是一朝一夕的事兒，稍稍放鬆一點，我們就會回到老路上。孩子憂鬱的減輕跟父母的調整和改變關係非常大，父母要堅持自我成長，不要回到老路上。如果父母重回老路，孩子憂鬱就容易復發。

5　培養良好生活習慣，好習慣是「護身符」

吃飯、睡覺、運動、休閒，這些瑣碎的日常不僅決定了一個人身體是否健康，也影響到他心理和大腦的健康。孩子正處於身體和心理快速發展的階段，健康的生活方式、良好的習慣，對孩子至關重要。

（1）好好吃飯

墨爾本迪肯大學的一項研究發現，透過保證青少年的飲食含有充足的營養可以有效預防憂鬱。《美國精神病學雜誌》在 2010 年曾刊文：「對個人或群體進行飲食介入可以減少精神障礙的發生率。」

關於食物與憂鬱的關係，國外的研究非常多。

人類大腦 78% 是由水構成的。如果沒有足夠的水，大腦中部（下丘腦、腦邊緣和體覺區）過於活躍，就會導致刺激反應和情緒低落。

神經元細胞膜是由脂肪構成的，飲食攝入的脂肪品質對大腦的健康有影響，並且體內神經遞質的合成有賴於攝入的維生素……研究人員發現，水果、堅果、魚類、豆類、橄欖油等健康食物會減少患憂鬱症的概率。

我們不能把食物當成藥，但要注意培養健康的飲食習慣。

五種食物要多吃：水果、堅果、魚類、豆類、橄欖油（健康的油）。

四種食物要少吃：少喝咖啡、少吃零食、少喝酒、少點外賣。

（2）調整睡眠

2020 年青少年的平均睡眠時長為 7.8 個小時。其中，小學生平均睡眠時長為 8.7 個小時，國中生為 7.6 個小時，高中生為 7.2 個小時。

《健康中國行動（2019-2030）》中宣導小學生、國中生和高中生每天睡眠時間不少於 10 小時、9 小時和 8 小時。

《中國國民心理健康發展報告（2019-2020）》指出，中國 95.5% 的小學生睡眠不足 10 小時，90.8% 的國中生睡眠不足 9 小時，84.1% 的高中生睡眠不足 8 小時。

睡眠問題往往是憂鬱的前兆，很多孩子都有睡眠問題：有的睡不著，做惡夢，易驚醒；有的嗜睡，睡得太多，總是睡不夠；還有的睡眠習慣不好，晚上不睡，早上不起，睡眠紊亂。

大腦和身體一樣需要休息。只有在睡覺的時候，大腦才能得到充分放鬆。一晚高品質的睡眠如同按下了重啟鍵，對身體健康、大腦功能、記憶力、情緒調節等都非常重要。

父母要重視孩子的睡眠問題，有針對性地幫助孩子改善睡眠，比如睡前做做拉伸運動，睡前不要看手機，白天多鍛鍊，練習冥想和正念，等等。

（3）加強運動

哈佛大學的約翰·瑞迪教授在《運動改變大腦》中告訴我們：「以前我們常透過藥物的方式治療精神疾病，例如憂鬱症、ADHD，而現在我們更宣導用運動的方式強化大腦機能。在治療輕度和中度憂鬱與無助感方面，運動的效果和抗憂鬱藥一樣好。」

2012 年，美國精神病學會將運動納為情緒障礙的治療方法之一。

運動是天然的健腦丸，是最接近「靈丹妙藥」的東西，

不僅可以健身，還可以健腦，讓孩子更健康更快樂。

大腦和肌肉一樣用進廢退，大腦內的神經元透過樹狀分枝相互連接。當運動的時候，我們的身體能釋放一連串影響神經系統的化學物質和成長因數，可以促進這些分支生長並發出更多側支，增加體內血清素、去甲腎上腺素和多巴胺的水準，維護大腦的基本結構，增強大腦功能。

憂鬱的孩子常常不想動，父母要以身作則，主動創造條件，安排時間，想辦法帶領孩子動起來，哪怕只是每天戶外散散步，曬曬太陽，對孩子的情緒也有幫助。

（4）適當娛樂

一些孩子經常說「生活沒意思」，聽他們講講，真不能怪孩子，他們的生活真是很無趣。興趣愛好是快樂生活的法寶。學習的時候認真學，玩的時候盡興玩，只要把規則定好，休閒娛樂不會耽誤學習，反而會促進孩子進取。

為了應對壓力，我們的身體會做出刺激反應。在長期慢性的壓力中，身體的連鎖反應不但會導致諸如焦慮和憂鬱等全面的心理失常，還會升高血壓、降低免疫力，增加疾病的發生率。慢性壓力甚至會破壞大腦的結構。

很多父母一看見孩子玩就焦慮、生氣，「怎麼還玩，不去學習」。對學業和未來的焦慮，常常讓父母忽視了玩的重要性。

對孩子來說，玩非常重要。玩可以讓身體和大腦放鬆和休息，調整節奏，調整情緒，以便以更好的狀態繼續接下來

的工作。

會休息才能更高效地學習和工作，孩子進入國高中階段，學業壓力很大。壓力變大了，就要有相應的化解壓力的方法，父母要有意識地幫助孩子放鬆娛樂，應對壓力。

6　幫助孩子克服人際困擾，獲得情感滋養

融洽人際關係，建立、保持親密關係，獲得情感滋養的同時也能夠愛別人，這是大部分人獲得幸福的主要途徑。

很多憂鬱的孩子都有人際關係困擾，和父母有衝突，沒有好朋友，被欺負了不知道怎麼應對，迴避社交，形單影隻，都是比較常見的情況。

憂鬱的孩子經常出現的人際困擾：

● 敏感，錯誤解讀他人的言行，和別人有衝突。

● 壓抑自己的不滿和委屈，不敢表達憤怒，不會溝通，迴避問題，產生誤會，關係疏遠。

● 自卑，「裝」，不敢表現真實的自己，小心謹慎，不會拒絕，討好他人，很累很煩但是不得不做。

● 在意他人的看法，害怕別人不喜歡自己，內心衝突較多，無法做決定。

● 被欺負，被孤立，不知道如何應對。

父母要認可、肯定、欣賞孩子，然後孩子才能從心眼裡認可自己，才敢去做真實的自己。要鼓勵孩子主動一點，表達真實的想法，也要教會孩子一些溝通的技巧，學習如何建立友誼。

父母要意識到，現在的孩子面臨的壓力、環境、矛盾和衝突，相比之前都要複雜。不要只責怪孩子，也不要一味地護短，要根據實際情況，詳細瞭解前因後果，謹慎、小心、妥善地去處理。有時候可能只是給孩子一些建議就可以，有時候父母需要和學校溝通，說明孩子解決問題。

學會應對衝突和矛盾是孩子成長中的必修課。社會和網路的發展給父母帶來了一些新挑戰，我們既要保護孩子的身心健康，又要說明孩子認識到問題的複雜性，發展出應對能力。

7 幫助孩子增強能力，能力是自信的基礎

憂鬱的孩子普遍自我評價不高，對自己不滿意，認為自己不夠好。是不是孩子真的不夠好呢？這要分情況來看。

一種情況是，自卑出在自我認知上。孩子本身是有能力有優勢的，但是他們看不到或者自動忽略，而把注意力集中在自己不夠好的地方。

比如有個孩子告訴我，從小到大，他都是年級第二名，從來沒有考過第一名。我問年級一共多少同學？他說三百多人。我說這麼多人你能考第二，成績非常好啊。他說，沒有人會記住亞軍，只有第一才叫成功，第二就是恥辱。

這些孩子的重點是調整認知。一旦看問題的方式和角度調整了，他們對自己的評價就會更客觀真實。

還有一種情況是，有些孩子在能力上有些欠缺。學習不好，脾氣暴躁，不善溝通，沒有朋友，有些興趣愛好，但是堅持不下來。孩子好像一塊玉的原石，沒有被開發出來，無法發出自己的光芒。

有些孩子看起來無所謂，滿不在乎。但其實他們還是會不自覺地跟他人比，再加上老師和父母的指責，同學的譏諷，他們往往就會心虛、自卑、躺平。

這些孩子的重點是發展能力。超越自卑得有一定的基礎，能力是孩子自信的基礎。

很多父母在培養孩子時喜歡運用「木桶理論」，最短的一塊決定了這個木桶的容量。所以哪裡不足就應該補哪裡，先把缺點補齊，然後再全面發展。

與「木桶理論」不同，我提倡「火花培養」，不去找缺點，而是找優勢找長處。先畫亮這一朵火花，讓優勢帶領孩子，讓這朵火花越燒越旺，照亮孩子的生活。

總花時間去補缺點，孩子就一直跟自己的不足較勁，不斷被挫敗，體驗不到成就感。

興趣是最好的老師，看看孩子對什麼感興趣，結合實際情況，說明孩子把興趣發展成自己的特長和優勢。找到優勢，點亮火花，順勢而為，孩子的發展就能事半功倍，孩子自然也就可以自信起來，綻放出自己的光芒。

本章小結

- 孩子憂鬱很容易復發。預防憂鬱復發，最重要的一條就是首次介入要徹底。
- 強化預防意識，做好日常情緒監測。
- 好好吃飯、調整睡眠、加強運動、適當娛樂，良好的生活習慣是孩子的護身符。

情緒監測日誌

1・根據每日情緒感受填寫表格，做好情緒日常監測，防止憂鬱復發。

☀️代表心情很好 △代表心情平靜
☁️代表心情低落 🌧️代表心情極差

2・如果連續三天情緒低落或情緒極差，建議及時調整；如果難以自行調整，建議進行心理諮商；如果連續一週情緒低落或情緒極差，建議及時去醫院複查。

國家圖書館出版品預行編目(CIP)資料

都是為你好？察覺自己與孩子的深層情緒指南：自我覺察、情緒共感、守護成長 /文心著. -- 初版. -- 臺北市：笛藤出版, 2024.12
　　面；　公分
ISBN 978-957-710-944-6(平裝)

1.CST: 青少年 2.CST: 青少年心理 3.CST: 情緒管理 4.CST: 憂慮

173.2　　113016222

都是為你好？

察覺自己與孩子的深層情緒指南：自我覺察、情緒共感、守護成長

2024年12月27日　初版第1刷　定價360元

著　　　者	文心
總 編 輯	洪季楨
封面設計	王舒玗
編輯企劃	笛藤出版
發 行 所	八方出版股份有限公司
發 行 人	林建仲
地　　　址	新北市新店區寶橋路235巷6弄6號4樓
電　　　話	(02) 2777-3682
傳　　　真	(02) 2777-3672
總 經 銷	聯合發行股份有限公司
地　　　址	新北市新店區寶橋路235巷6弄6號2樓
電　　　話	(02) 2917-8022・(02) 2917-8042
製 版 廠	造極彩色印刷製版股份有限公司
地　　　址	新北市中和區中山路二段380巷7號1樓
電　　　話	(02) 2240-0333・(02) 2248-3904
印 刷 廠	皇甫彩藝印刷股份有限公司
地　　　址	新北市中和區中正路988巷10號
電　　　話	(02) 3234-5871
郵撥帳戶	八方出版股份有限公司
郵撥帳號	19809050